RELIGIÃO TAMBÉM SE APRENDE

LUIZ RÔMULO FERNANDES SALOTO

RELIGIÃO TAMBÉM SE APRENDE 4

EDITORA SANTUÁRIO
1900 2000
UM SÉCULO POR CRISTO
Aparecida-SP

DIREÇÃO EDITORIAL: Pe. Flávio Cavalca de Castro, C.Ss.R.
Pe. Carlos Eduardo Catalfo, C.Ss.R.
COORDENAÇÃO EDITORIAL: Elizabeth dos Santos Reis
COPIDESQUE: Leila C. Diniz Fernandes
COORDENAÇÃO DE REVISÃO: Maria Isabel de Araújo
REVISÃO: Ana Lúcia de Castro Leite
Marilena Floriano
Vanini Nazareth Oliveira Reis
DIAGRAMAÇÃO: Marcelo Antonio Sanna
CAPA: Marco Antônio Santos Reis

Ilustrações tiradas do clip Art CD-ROM da Liguori Faithware

Dados Internacionais de Catalogação na Publicação (CIP)
(Câmara Brasileira do Livro, SP, Brasil)

Saloto, Luiz Rômulo Fernandes
Religião também se aprende / Luiz Rômulo Fernandes Saloto. — Aparecida, SP: Editora Santuário, 2000. — (Coleção religião também se aprende; 4)

ISBN 85-7200-720-2

1. Bíblia - Ensinamentos 2. Bíblia - Estudo e ensino 3. Perguntas e respostas I. Título. II. Série

00-4388 CDD-220.076

Índices para catálogo sistemático

1. Bíblia: Estudo: Perguntas e respostas 220.076
2. Perguntas e respostas: Bíblia: Estudo 220.076

Composição, impressão e acabamento:
EDITORA SANTUÁRIO - Rua Padre Claro Monteiro, 342
Fone: (0xx12) 565-2140 — 12570-000 — Aparecida-SP.

Ano: 2003 2002 2001 2000
Edição: **8 7 6 5 4 3 2 1**

Agradecimentos

Agradeço a Deus, antes de tudo! Sou grato, também, aos amigos da Rádio Vaticana, aos meus mestres, à minha Congregação. À minha família, aos amigos e amigas agradeço o apoio incondicional em toda e qualquer situação. Uma por todos, agradeço à professora Edi Naves Avelar, o incentivo inicial e a correção dos manuscritos!

Apresentação

Fruto da colaboração para o Programa Brasileiro da Rádio Vaticana, retransmitido com sucesso pela Rádio Aparecida para todo o Brasil, este livro responde a algumas das muitíssimas perguntas que se assomam à mente do leitor que já abriu e leu a Bíblia.

Perguntas e respostas! Uma forma metodológica que facilita a comunicação, mas que não pretende eliminar a problemática dos temas tratados, nem a necessidade de ulteriores leituras.

Escrita há mais de dois milênios, e num contexto cultural muito diferente do nosso, a Bíblia, um livro que é ao mesmo tempo como uma biblioteca, não pode ser lida sem uma ajuda exterior. Uma ajuda, que se torna necessária para encurtar a enorme distância de tempo e de cultura que nos separa deste texto sagrado.

A fé na inspiração não nos exime do trabalho, sério e minucioso, de buscar nas páginas da Bíblia a encarnação da Palavra de Deus. Muitas disciplinas nos ajudam nesse trabalho de conhecimento da Bíblia: da sua história, da sua confecção, do seu conteúdo, da sua transmissão, da sua interpretação ao longo da história.

Este livro não tem a mínima pretensão de ser completo, trata-se apenas de um "aperitivo"! Para despertar o apetite de todos aqueles que desejam abrir a Bíblia para "beber e comer" deste banquete divino. Uma fonte inesgotável de sabedoria e vida, que está à nossa disposição nas páginas deste "best seller" mundial, que é fruto da estreita colaboração entre o humano e o divino. Boa leitura!

Festas

1. Páscoa: qual é a origem desta palavra e desta festa?

A palavra vem do hebraico *pésah;* aramaico *pasha*, da raiz *pasah,* que significava "passar" ou "saltar"; em grego πασχα, πασκα, φασεκ; latim *pascha*; daí em português "páscoa" (como vemos não se traduz a palavra, mas se repete o som em grego, latim, português, espanhol, italiano...), isto porque no fundo a origem e o significado dessa palavra ainda são um enigma!

Páscoa é uma daquelas palavras que precisa não só de uma tradução mas também de uma explicação.

A festa da páscoa, que se celebrava no tempo de Jesus, era a festa mais importante para o povo judeu (de certo modo continua sendo ainda hoje).

Era a fusão de duas festas muito antigas que se celebravam separadas.

Uma de origem nômade e celebrava-se na primavera no momento da transferência de uma pastagem a outra. Antes de sair sacrificava-se um animal para obter a proteção dos deuses contra os perigos que poderiam acontecer durante a viagem de transferência para outras pastagens.

Para os povos sedentários era a festa dos ázimos (em hebraico é *massot*), isto é, dos pães sem fermento. Era também celebrada na primavera, quando se jogava fora o fermento velho e se fazia o novo. Na primavera tudo brota de novo, a vida se renova.

Quando lemos no livro do Êxodo capítulo 12, em que se fala da celebração da festa da páscoa (liturgia do sábado santo), já encontramos os rituais das duas festas unidos numa festa só: o sacrifício do animal (sem quebrar os ossos), o sangue do animal sobre a porta, os pães sem fermento, as ervas amargas, tudo isso num banquete familiar, um verdadeiro ritual religioso, pois tudo tinha uma finalidade: obter a proteção dos deuses.

Mas, para os hebreus (que tinham origens nômades e já tinham-se tornado sedentários), o Deus era Javé e a festa era para recordar a libertação da escravidão egipciana.

Deus havia escutado o grito de lamentação do seu povo e o havia libertado com "braço forte", com "sinais e prodígios". Eles haviam fugido depressa e Javé os havia protegido contra o poder do faraó.

Mas não era só isso, Javé havia estabelecido um pacto, uma aliança com eles, que incluía a proteção durante o caminho para uma terra já prometida, terra onde escorria "leite e mel", isto é, o bom e o melhor!

Daquele momento em diante eles seriam o povo de Javé e Javé seria o seu Deus, de geração em geração.

Assim a festa da páscoa não era apenas recordação do passado, mas sim celebração e atualização daquela aliança.

A repetição dos rituais não era teatralização ou folclore, mas verdadeira atualização dos fatos antigos. A renovação solene da aliança.

O ritual dizia: "Hoje Javé nos libertou, hoje ele fez uma aliança conosco".

Jesus celebrou a cada ano essa festa, durante a sua vida!

Durante o tempo pascal, a liturgia da palavra faz-nos descobrir o significado dessa festa que, sem perder a importância e o valor que tinha no AT, ganha um novo significado com Jesus Cristo.

2. Que era a festa das Cabanas, quando se celebrava e o que se celebrava?

A festa das Cabanas, também chamada festa das Tendas ou ainda festa da Colheita, era celebrada, como indica a última denominação, no outono, no final da estação dos frutos.

Originariamente não havia data fixa e celebrava o fim das colheitas (Êx 23,16; Lv 23,41).

Depois passou a ser celebrada numa data fixa, sempre no mesmo dia do ano (ex. 25 de dezembro). E como motivo de celebração havia também a lembrança da saída do Egito. Naquele tempo o povo havia abandonado as próprias casas construídas, solidamente com tijolos, no Egito, para caminhar pelo deserto morando em tendas ou barracas (Lv 23,42). Essa festa tinha um seu ritual próprio (Nm 29,12-39), com a oferta de perfumes, frutos e animais.

Ainda que os estudiosos não saibam explicar exatamente como aconteceu, o fato é que nessa festa se reuniram várias tradições e festas antigas de povos nômades e sedentários.

Essa festa terminou sendo uma das festas mais populares da Bíblia.

Inicialmente era uma festa familiar, isto é, era celebrada nas casas, e cada família construía a própria barraca no quintal ou mesmo em cima da casa, no terraço.

Mais tarde, isto é, mais perto do tempo de Jesus, essa festa tornou-se uma festa de peregrinação. Todos subiam a Jerusalém para a sua celebração.

Construíam suas barracas com ramos de palmeiras, de salgueiros e outras folhagens, fora dos muros da cidade, e celebravam, conforme os vários rituais, essa festa que durava uma semana.

No tempo de Jesus era celebrada com vários gestos; entre eles fazia-se uma procissão com ramos de flores que eram agitados enquanto se cantava "hosana".

Hosana quer dizer simplesmente socorro, essa invocação era um grito de alegria, uma espécie de fórmula litúrgica, usada especialmente nessa festa das Cabanas.

Havia também o gesto ou o ritual da água, que era recolhida com cuidado e derramada sobre o altar dos sacrifícios.

Outro gesto era feito no primeiro dia de festa, quando uma parte do templo era totalmente iluminada em clima festivo.

Talvez fossem esses gestos e rituais que ofereceram a Jesus a ocasião para falar de si mesmo como "água viva" e como "luz do mundo" (Jo 7,37ss.; 8,12).

Como podemos ver as nossas festas litúrgicas e as várias manifestações da religiosidade popular encontram na Bíblia uma clara fundamentação e legitimação.

3. Qual a origem do nome e da festa de Pentecostes?

O nome, como sabemos, vem do grego *pénte,* cinco, *pentekonta,* cinqüenta. Daí vem a palavra "pentecostes", que era o nome grego da "festa das Semanas", celebrada no qüinquagésimo dia depois da páscoa, ou seja, depois de sete semanas, isto é, sete vezes sete (Nm 28,26).

Era também chamada a festa da Colheita e das Primícias (Êx 23,16; 34,22).

Era uma festa essencialmente agrícola e celebrada, sobretudo, em agradecimento a Deus pela colheita feita.

Além das ofertas voluntárias, era obrigação oferecer dois pães com fermento (na Páscoa era sem fermento), que simbolizavam a providência divina que garantia o sustentamento cotidiano.

Era um dia de muita alegria e de descanso absoluto (Lv 23,21). Recordava-se que, depois da libertação do Egito, Deus havia conduzido o seu povo até uma terra fértil e que fiel à sua promessa dava-lhe todo tipo de bem.

Os peregrinos chegavam a Jerusalém em grupos e, acompanhados pelos sacerdotes e levitas, entravam no templo carregando as ofertas e cantando hinos de alegria.

Apesar de ser celebrada em Jerusalém, essa festa durava somente um dia.

A relação dessa festa com a entrega das Tábuas da Lei no Sinai aconteceu só mais tarde no segundo século depois de Cristo, é portanto extrabíblico.

Depois daqueles fatos extraordinários ocorridos naquela primeira festa de Pentecostes, que aconteceu depois da morte de Jesus, os primeiros cristãos começaram a celebrar essa festa com uma motivação especial e nova.

Não é que se celebrava a fundação da Igreja, como pensam alguns, naquele dia recordava-se a sua manifestação pública.

Com a efusão do Espírito Santo e seus dons, nesse dia de Pentecostes celebramos a complementação da Páscoa de Cristo em nós.

Com a vinda do Espírito Santo começa, podemos dizer assim, a grande colheita do reino de Deus e a Igreja está pronta para cumprir a sua missão.

A promessa dos profetas de que Deus enviaria o seu Espírito teria sido realizada (Jl 3,1-5; At 2,17-21). A promessa de Jesus do batismo no Espírito havia acontecido.

Desse modo, aproveitando as antigas motivações daquela festa agrícola de ação de graças, os cristãos celebravam, ou melhor, celebramos essa festa em agradecimento pelo dom do Espírito Santo, pelos dons com os quais o Espírito enriquece a Igreja, povo de Deus. Ao mesmo tempo nos disponhamos a ser fiéis a Deus, na sua fidelidade, que nos garante constantemente a abundância dos seus dons.

A festa de Pentecostes é também símbolo da unidade e da universalidade da Igreja.

São Paulo, quando estava preocupado pela unidade dos cristãos, escolheu estar em Jerusalém no dia de Pentecostes para tratar, no clima dessa festa, das questões que dividiriam os primeiros cristãos (At 20,16).

Bênção

1. Que é uma bênção?

A palavra bênção em português pertence à família do verbo abençoar, benzer ou bendizer. Mas de onde vem? No AT a palavra usada era *berakah,* da família do verbo *barak.* Quando no segundo século antes de Cristo o AT foi traduzido para o grego, esse verbo foi traduzido por ευλογειν, que é a união de *eu* = bem + *logein* = falar, daí em latim é *benedicere* e em português bendizer, do qual vem a palavra "bênção" e dessa palavra o verbo abençoar. Então abençoar significa "falar ou dizer bem". Uma pessoa abençoada é uma pessoa à qual se fala bem, à qual se deseja um bem.

Mas que é uma bênção? Uma bênção é justamente o que acabamos de dizer, isto é, é um falar bem! Abençoar antes de tudo significa "falar bem a alguém" ou "desejar que lhe aconteça algo de bom" e o contrário é justamente "amaldiçoar", que quer dizer "desejar mal".

No AT tinha-se muita consideração por uma bênção.

Quando era Deus quem abençoava, a bênção era considerada como uma promessa que se realizaria sem dúvida, pois o que Deus diz ele faz, o que ele fala acontece (toda a criação saiu da palavra de Deus). Por isso uma bênção de Deus era considerada como algo de bom que já estava acontecendo.

Assim a bênção que vem de Deus dá fecundidade para toda a criação (Gn 1,22.28).

Deus abençoa Adão e Eva, Noé, Abraão e assim todos os personagens mais importantes da Bíblia diz-se que foram abençoados por Deus.

Mas essa bênção também se passava de pai para filho, de geração em geração, e uma vez concedida não se podia retirar, como não se pode fazer voltar atrás a palavra falada. Mesmo se a bênção era obtida com engano, como foi o caso de Esaú e Jacó.

Também Moisés, Davi e os sacerdotes abençoavam em nome de Deus.

Ainda hoje os pais abençoam os filhos, é uma tradição que não podemos perder. Pois a bênção dos pais é um símbolo da bênção de Deus. Assim é na Bíblia, seja no AT como no NT, que segue a mesma tradição, é só ler e ver os vários lugares em que se fala da bênção.

Mas encontramos também escrito na Bíblia que os homens "abençoam" a Deus, neste caso não se trata de desejar algum bem a Deus ou de fazer-lhe um bem, isto é impossível, pois Deus é a fonte do bem, ele é o bem.

Neste caso, quando se diz que um ser humano abençoa ou bendiz a Deus, significa que se reconhece os bens e as maravilhas que ele fez. Por isso nesses casos é sinônimo de louvor ou mesmo de agradecimento, pois o que Deus fez e faz de bom o fez e o faz para nós.

Por isso que neste caso, em grego, usa-se um verbo que conhecemos muito bem, isto é, o verbo ευχαριστειν, que quer dizer justamente agradecer, ou dar graças por um bem recebido. Por isso quando celebramos a Eucaristia, agradecemos a Deus pelas bênçãos que nos concede através de Jesus Cristo. Podemos dizer que a celebração da Eucaristia é a melhor das bênçãos, nos dois sentidos que vimos, de Deus para nós e de nós para Deus.

2. Quando e para que se usa na Bíblia o gesto da imposição das mãos?

Geralmente a mão era e é considerada como símbolo da força, do poder. Por exemplo, o gesto de estender o braço e oferecer a mão aberta era e é sinal de que se chega em paz, com a mão desarmada!

O gesto de impor as mãos, símbolo da força e do poder, sobre a cabeça de uma pessoa ou mesmo de um animal significa a vontade de transmitir-lhes alguma coisa. Podemos dizer que não só significa a vontade, mas com esse gesto se faz uma verdadeira transmissão, baseada sempre nesse poder real e simbólico das mãos.

No AT esse gesto é usado para a transmissão da bênção que o pai dava ao filho primogênito (Gn 48,14); também se usava esse gesto quando se consagrava um levita para exercer o ministério sacerdotal de oferecer os sacrifícios rituais (Lv 1,4ss.); ou também quando se conferia a alguém um poder de comando (ex. Moisés a Aarão, Nm 27,18.23).

Era usado também nos sacrifícios propiciatórios quando se sacrificava um animal pelos pecados de todo o povo. Pegava-se um bode, impunha-se as mãos sobre a sua cabeça, para transferir sobre ele os pecados do povo, e depois soltava-se o animal no deserto, “assim o bode levará sobre si, para uma região deserta, todas as culpas do povo” (Lv 16,22).

Também se usava esse gesto nos julgamentos, quando as testemunhas impunham as mãos sobre a cabeça do culpado. E quando não se sabia quem era o culpado (assassino), os anciãos impunham as mãos sobre a nuca de uma novilha para deste modo transmitir-lhe a culpa e o castigo, que caso contrário cairia sobre todo o povo.

Como vemos, o mesmo gesto é usado em várias situações, mas significa quase sempre a mesma coisa, isto é, a transmissão de alguma coisa: culpa, responsabilidade, bênção, poder.

No NT é usado quase exclusivamente para transmitir uma bênção.

Jesus, por exemplo, cura impondo as mãos sobre os doentes (Mc 6,5), Paulo faz o mesmo (At 28,8).

Na Igreja primitiva, este gesto da imposição das mãos era usado para conferir o dom do Espírito Santo e, como no AT, também para conferir a alguém um ministério em função das necessidades das comunidades (1Tm 4,14).

São Paulo escreve assim a Timóteo, seu companheiro e sucessor no serviço às comunidades: “Por esse motivo, eu o convido a reavivar o dom de Deus que está em você pela imposição das minhas mãos” (2Tm 1,6).

É um convite dirigido a todos os cristãos que receberam no sacramento da Crisma o Espírito Santo, com seus dons, e àqueles (bispos, sacerdotes e diáconos) que no sacramento da Ordem receberam com o gesto da imposição das mãos o poder de servir, como Jesus Cristo.

Maria

1. Quantas Marias são nomeadas no NT?

Além da mãe de Jesus, aparecem no NT outras cinco mulheres que também se chamavam Maria.

Este nome "Maria" é a forma grega e latina do nome hebraico *Miriam,* nome da irmã de Aarão, que era profetisa e que guiou o povo no canto de ação de graças depois da travessia do Mar Vermelho (Êx 15,20-21).

As seis mulheres que aparecem com este nome no NT são:

— Maria de Mágdala, ou Madalena.

— Maria de Betânia, que segundo Lucas (10,39-42) e João (11,1-45) é a irmã de Marta e Lázaro e que alguns pensam que seja a mesma mulher que ungiu e enxugou os pés de Jesus com os seus cabelos (Mc 14,3-9), isto é, seria ela a Madalena.

— Maria, a mãe de João Marcos, um jovem de Jerusalém, identificado também como companheiro de viagem de São Pedro e autor de um dos evangelhos.

— Maria, a mãe de Tiago (Mc 15,40).

— Maria, uma cristã de Roma que é citada por Paulo na carta aos Romanos (16,6).

— E Maria, a mãe de Jesus.

O texto mais antigo do NT que fala de Maria, mãe de Jesus, é a carta de São Paulo aos Gálatas.

Paulo, para afirmar que Jesus era realmente homem,

escreve: “Quando, porém, chegou a plenitude dos tempos, Deus enviou o seu Filho. Ele nasceu de uma mulher e foi submetido à Lei, para resgatar aqueles que estavam sob a Lei, a fim de que fôssemos adotados como filhos” (Gl 4,4). Mas como vimos não aparece o nome, não era necessário nem importante para o contexto.

Mas quanto mais as primeiras comunidades penetravam no mistério de Jesus, tanto mais crescia a consideração pela sua Virgem Mãe.

Como sabemos, foi São Lucas quem mais se interessou por colocar em evidência o protagonismo de Maria em relação ao mistério da encarnação, do qual ela participou com toda a sua pessoa, com toda a sua vida.

Já São João coloca Maria no começo e no fim da ação pública de Jesus, no casamento em Caná e ao pé da cruz junto com as outras mulheres, que como ela também se chamavam Maria.

Estavam ali juntas, as Marias, para celebrar ali, ao pé da cruz, como fez Miriam, a profetisa do AT, o Deus libertador.

2. São José só teve Maria como namorada, noiva e esposa? Jesus teve namorada?

Antes de tudo é bom dizer que se buscarmos na Bíblia, seja no AT como no NT, dados e elementos para essas questões, certamente não vamos encontrar nada ou quase nada que nos ajude a formular uma resposta conveniente.

O que podemos fazer é ler outros escritos que nos falam dos costumes daquela época com respeito ao casamento e assim saberemos como se comportou, por exemplo, José quando queria casar-se com Maria, já que do evangelho sabemos que ela estava prometida em casamento a ele (Lc 1,26).

Sabemos através dos escritos dos rabinos que no tempo de Jesus o casamento era realizado em três momentos importantes.

Em um primeiro momento o pretendente falava diretamente com o pai da moça, que na maioria dos casos era ainda uma menina, pois segundo a lei uma menina com doze anos já podia ser dada em casamento. Era então feito um contrato verbal, ou até mesmo escrito, entre o pai ou o responsável pela moça e o futuro noivo, que ficava sabendo o quanto ele deveria pagar como dote pela futura esposa. Deste compromisso a moça não podia desligar-se por conta própria.

Era um compromisso tão sério que alguns rabinos diziam que era preferível para o futuro esposo casar com a moça e depois dar-lhe o divórcio se fosse o caso, mas não desfazer esse contrato de matrimônio.

Sendo assim, é muito provável que José tenha tido uma só namorada, melhor dizendo uma só promessa de casamento, já que o namoro, propriamente dito, como entendemos hoje, naquele tempo não existia.

O casamento estava mais para um contrato social entre dois homens que negociavam uma determinada mercadoria do que um caso de coração ou sentimento. Isto não quer dizer que não pudesse existir casos de amor, veja o caso de Jacó e Raquel, mas justamente este caso que encontramos no livro do Gênesis (cap. 29) mostra-nos como ele, Jacó, que amava Raquel, teve de aceitar casar-se também com Lia porque ela era mais velha e deveria ser dada em casamento antes que a irmã.

Portanto, para responder à pergunta podemos dizer que quase com toda certeza José teve só Maria como esposa prometida, ou se quiser como namorada, noiva e depois esposa.

Se ele quisesse poderia ter uma segunda esposa, pois isso era normal, mas tudo leva a crer que assim não foi, e se tivesse tido, muito provavelmente alguma notícia teria chegado até nós, mas não chegou!

E Jesus teve alguma esposa prometida, alguma namorada?

Acredito que não, pois se ele não tinha intenção de se casar, certamente não assumiria um compromisso, seguindo o costume do seu tempo, com nenhuma moça, muito menos com o pai dela, pois como falamos este compromisso deveria terminar em casamento.

É bem verdade que essa atitude de Jesus, essa sua escolha, não era coisa muito comum para o seu tempo, porque o casamento era recomendado pelos escritos religiosos, mas as exceções também existiam. Admitia-se, por exemplo, que um jovem rejeitasse o casamento, por um período de tempo, para dedicar-se aos estudos da Sagrada Escritura.

Sendo assim, podemos dizer que Jesus seguiu os costumes do seu tempo. Dedicou-se inteiramente à sua missão, que como sabemos não durou mais que três anos e terminou tragicamente com a sua morte na cruz. Tudo somando, Jesus não teve muito tempo para pensar nesse assunto. O que deve ter feito sofrer a pobre Maria Madalena.

Bíblia

1. A Bíblia é um livro ou uma biblioteca?

Podemos dizer que todas as duas afirmações são verdadeiras. A palavra Bíblia vem do grego, é o plural de *biblion,* que significa livro. Além disso, quando abrimos a Bíblia nos encontramos como em uma biblioteca, pois achamos muitos escritos diversos entre si, como os de caráter históricos, sapienciais, poéticos, proféticos, apocalípticos, cartas e evangelhos.

De alguns escritos podemos saber o nome do autor, de outros é impossível; alguns são obras de um autor somente, outros são obras de vários autores. Por exemplo, o livro que leva o nome do profeta Isaías na verdade é obra de três autores diversos.

Os cinco escritos ou livros que compõem o chamado Pentateuco, do grego *penta,* que quer dizer cinco, são apresentados como obra de Moisés e, na verdade, são obras de muitos autores. Primeiro existiam vários documentos escritos que foram reunidos num só livro por um redator que atribui tudo a Moisés; conforme o costume daquele tempo, fazia-se isso porque queriam dar autoridade ao próprio escrito.

Portanto se dizemos que a Bíblia é como uma biblioteca, estamos dizendo uma grande verdade, pois realmente o é. Uma biblioteca que se formou num período de mais ou menos dez séculos, iniciando no século nono antes de Cristo e terminando no primeiro século da nossa era.

Vários livros, vários autores, vários gêneros literários, várias épocas e podemos até dizer várias culturas. Uma verdadeira biblioteca.

Mas essa biblioteca tem um caráter especial. Na *Dei Verbum,* documento do Concílio Vaticano Segundo, que trata o tema da Palavra de Deus, lemos: "A Santa Mãe Igreja, segundo a fé apostólica, tem como sagrados e canônicos todos os livros completos sejam do Antigo como do Novo Testamento, com todas as suas partes, porque, escritos sob inspiração do Espírito Santo, têm Deus como autor e como tais foram entregues à Igreja".

Isso significa que podemos afirmar que a Bíblia é um livro, se com isso queremos dizer que ela tem certa unidade intrínseca, uma unidade na diversidade. Essa unidade vem de Deus, como diz ainda o Concílio Vaticano Segundo: "Para a composição dos livros sagrados Deus escolheu e se serviu de homens, fazendo-os usar suas faculdades e capacidades, a fim de que, agindo Ele próprio neles e por eles, escrevessem, como verdadeiros autores, todas e somente aquelas coisas que Ele queria que fossem escritas".

Na carta aos Hebreus, logo no início, lemos: "Nos tempos antigos, muitas vezes e de muitos modos Deus falou aos antepassados por meio dos profetas. No período final em que estamos, falou a nós por meio do Filho" (Hb 1,1-2).

Na variedade dessa biblioteca chamada Bíblia escutamos a voz do único Deus, o Deus de Abraão, de Isaac e de Jacó, o Deus de Moisés, dos juízes, dos profetas, dos reis. O Deus do qual Jesus Cristo é o Filho e do qual é o máximo revelador, do qual é a Palavra com "P" maiúsculo.

Portanto devemos, inspirados à luz da fé pelo mesmo Espírito, buscar na rica variedade da Bíblia a revelação, a comunicação, a palavra do único Deus.

Ainda na *Dei Verbum* lemos: "Agradou a Deus na sua bondade e sapiência revelar-se e manifestar o mistério da sua bondade, mediante o qual os homens, por intermédio de Cristo, Verbo feito carne, e no Espírito Santo, têm acesso ao Pai e participam da natureza divina. Com esta revelação, de fato, o Deus invisível, no seu grande amor, fala aos homens como a amigos e relaciona-se com eles para convidá-los e admiti-los à comunhão consigo. Este plano de revelação acontece com obras e palavras intimamente conectadas".

Por isso devemos ler a Bíblia para escutar a Palavra de Deus. A Bíblia é uma biblioteca que deve ser consultada como uma obra única do mesmo autor que é Deus, mas ao mesmo tempo a Bíblia é um livro que deve ser lido como os livros de uma biblioteca, com certa ordem, respeitando os vários gêneros literários e a característica dos vários autores humanos e das várias épocas.

Para concluir podemos dizer que sua variedade, sua diversidade, sua multiplicidade como sua unidade devem ser respeitadas se queremos realmente escutar a Deus lendo a Bíblia.

A Bíblia é uma biblioteca enquanto é obra de vários autores humanos, é um livro, pois todos e cada um desses autores escreveram sempre e tudo sob a inspiração do mesmo Espírito Santo, que tudo conduz verso a manifestação da Palavra de Deus, que é Jesus Cristo.

2. Por que a Bíblia está dividida em duas partes chamadas Antigo e Novo Testamento?

Para entendermos este assunto é preciso dividir o início da fé cristã em três períodos: tempo de Jesus, tempo dos apóstolos, tempo dos Padres da Igreja.

No tempo de Jesus já existia a Sagrada Escritura, o que para nós hoje é o AT. Jesus aceitava aquelas Escrituras como "sagradas", como Palavra de Deus, como todo bom hebreu.

Mas, ao mesmo tempo, Jesus falava e ensinava com uma autoridade própria; no evangelho de Marcos lemos: "As pessoas ficavam admiradas com o seu ensinamento, porque Jesus ensinava como quem tem autoridade e não como os doutores da Lei" (Mc 1,22).

No Sermão da Montanha Jesus repete várias vezes:

"Vocês ouviram o que foi dito... Eu, porém, lhes digo..." (Mt 5—7).

Podemos dizer, portanto, que Jesus não se limitava a aceitar as Escrituras como Palavra de Deus, ele pretendia falar com a mesma autoridade e dizia que veio para cumprir o que estava escrito (Lc 4,16ss.).

Logo após a paixão, morte e ressurreição de Jesus, e sobretudo com o dom do Espírito Santo, os apóstolos começaram a ler as Escrituras para entender o que havia acontecido com Jesus de Nazaré. Mas aconteceu também o contrário, isto é, depois de conviver com Jesus e receber o dom do Espírito Santo, eles passaram a entender melhor o que ali estava escrito e as Escrituras foram como que iluminadas pela luz que vinha de Jesus Cristo. Tudo isso está maravilhosamente resumido no episódio dos discípulos de Emaús, que encontramos no final do evangelho de Lucas (Lc 24).

Foi nesse segundo período que começou a aparecer breves escritos que narravam os milagres de Jesus, que transmitiam o que ele havia ensinado. Foi também nesse período que Paulo escreveu as suas cartas para as várias comunidades que havia fundado. Nesse período que se formaram os quatro escritos sobre Jesus, isto é, os evangelhos, as outras cartas e o Apocalipse.

No final desse segundo período podemos dizer que esses escritos, propriamente cristãos, já eram lidos nas comunidades cristãs junto com as Escrituras hebraicas, isto é, o nosso Antigo Testamento, salvo algumas alterações.

No terceiro período esses escritos, chamados apostólicos, porque escritos pelos apóstolos ou sob a direta influência deles, ganharam muita importância e eram considerados já com a mesma autoridade das Escrituras, que Jesus e os apóstolos haviam lido.

Houve até um movimento chamado agnosticismo (um grupo de cristãos que se diziam mais iluminados, mais esclarecidos), que começou a defender a idéia de que já não era mais preciso considerar as Escrituras dos hebreus como sagrada, pois para os cristãos era suficiente os escritos apostólicos sobre Jesus.

Mas os primeiros sucessores dos apóstolos, alguns dos quais mereceram o título de Padres da Igreja, defenderam a idéia, baseados nos ensinamentos de Jesus e dos Apóstolos, de que a Escritura herdada dos hebreus deveria continuar a ser sagrada para os cristãos.

O Concílio Vaticano II, citando Santo Agostinho, afirma que Deus, quem inspirou os livros dos dois Testamentos, dispôs sabiamente que: "o Novo fosse escondido no Antigo e o Antigo se tornasse claro no Novo".

Com outras palavras, devem ficar unidos, pois um precisa do outro para comunicar a própria mensagem.

3. Por que no livro do Gênesis encontramos duas narrações da criação do ser humano?

Carlos Mesters usa uma imagem, muito bonita e eficaz, para falar do modo como foi escrita a Bíblia. Ele diz que a Bíblia foi "construída" em mutirão.

Assim durante um longo período de anos, quase 10 séculos, muitíssimas pessoas colaboraram de muitos modos diferentes nessa obra, que foi concebida, projetada e dirigida por Deus, que também escolheu os seus principais colaboradores.

Os estudiosos da Bíblia mostram como essa obra foi feita em vários períodos sucessivos. Num primeiro momento os fatos e as palavras, que constituíam a fé do povo de Deus, foram transmitidos oralmente.

Em um segundo período, junto com as tradições orais começaram a circular alguns escritos; posteriormente, em um terceiro período, esses escritos foram utilizados pelos autores, que também conheciam as tradições orais, para escrever os livros na forma que nós lemos hoje (salvo algumas modificações).

No quarto período os vários livros foram colocados juntos, organizados por temas e começaram a formar a Bíblia.

O quinto período, que é também o nosso, é o tempo de ler, interpretar e viver o que está escrito.

Esses vários períodos aconteceram praticamente para cada livro ou grupo de livros, sobretudo no que diz respeito ao Antigo Testamento. Assim, por exemplo, quando já existiam juntos os livros do AT, estava começando o período da transmissão oral para os livros que formariam mais tarde o Novo Testamento.

Voltando ao livro do Gênesis, no terceiro período, os autores que o escreveram utilizaram vários documentos escritos; os especialistas conseguiram descobrir os quatro mais importantes: o javista, o elohísta, o sacerdotal e o deuteronomista. É muito provável que já existissem também alguns escritos dos profetas, pois o livro do Gênesis não foi o primeiro livro da Bíblia a ser escrito.

Assim utilizando todo esse material, os nossos autores escreveram, sempre guiados e ajudados por Deus, o livro que hoje nós lemos.

Certamente esses vários documentos repetiam, às vezes, a mesma coisa, pois não andavam juntos no começo; por isso os autores posteriores colocavam as duas versões sobre o mesmo argumento, como acontece com a criação do homem e da mulher.

Por que eles fizeram isto não podemos saber exatamente, o fato é que no caso da criação do homem e da mulher as duas versões se complementam. Por isso, não devemos ler como se fosse uma repetição, mas como uma complementação.

A verdade é que as duas narrações nos falam da única criação.

4. Quem escreveu a Bíblia? Quando? Onde? Em que língua foi escrita?

São muitas perguntas! Vamos ver se conseguimos responder a todas, brevissimamente é lógico! Quanto à língua podemos dizer que todo o AT foi escrito em hebraico (hoje em Israel atualizado!), com pequenas partes em aramaico (alguns capítulos de Daniel por ex.). O NT foi escrito todo em grego, chamado *koiné,* grego popular (diferente do clássico), se bem que quase certamente os dois primeiros evangelhos (Mt e Mc) tenham tido um "rascunho", escrito em aramaico, língua falada na Palestina no tempo de Jesus.

Onde foi escrito? Podemos dizer que foi quase todo escrito na Palestina (atual Israel e Palestina). Uma parte do AT foi escrita na Babilônia, durante o exílio, e uma outra parte do NT, as cartas paulinas, quase toda escrita durante as viagens missionárias de Paulo, sobretudo na Ásia menor (atual Turquia e Grécia).

Quando? Se falamos de um modo geral podemos dizer que os primeiros escritos aparecem mais ou menos pelo ano 900 a.C. e os últimos escritos (cartas de Pedro) são do final do século I d.C. Isso quer dizer que a nossa Bíblia foi escrita num período de quase mil anos.

Alguns livros foram escritos em um breve período de tempo, como por exemplo os escritos do NT, mas alguns livros do AT fizeram uma longa caminhada e passaram por várias mãos, antes de chegar a uma forma que podemos chamar definitiva, isto é, depois da qual foi sempre copiado, mas sem nenhuma alteração. Os estudiosos descobriram em quase todos os livros algumas coisas que foram colocadas depois que o livro teria sido quase terminado.

Quem escreveu? Carlos Mesters tem uma imagem muito bonita e eficaz para falar desse assunto. Ele diz que a Bíblia foi um livro escrito em mutirão (todos sabem o que é um mutirão!).

Essa é uma boa comparação, pois são poucos os livros da Bíblia dos quais se sabe com certeza quem foi o autor; mesmo quando esses têm um nome, pouco ou nada se sabe a respeito.

Fazendo exceção ao NT, muitos dos escritores dos livros da Bíblia são ilustres desconhecidos. Esses autores foram sim inspirados pelo Espírito Santo, mas nós não os conhecemos.

É claro, por exemplo, que Davi escreveu grande parte dos Salmos, mas estudos indicam que ele não foi o salmista responsável por todos. Assim também se fala que foi Salomão quem escreveu os livros sapienciais, ou que Moisés escreveu os livros do Pentateuco, mas de fato não foi assim. Esta era uma forma de dar autoridade àqueles escritos, colocando-os sob o nome de um personagem conhecido e com autoridade reconhecida por todos no assunto.

Assim também no NT, nem todas as cartas paulinas são realmente de Paulo, o mesmo podemos dizer das cartas de Pedro, escritas quase com certeza depois da sua morte.

Mas esses fatos não devem ser vistos a partir do nosso modo de fazer (hoje isto daria cadeia), pois naquele tempo e para aqueles escritores não existia o direito autoral ou o desejo de ganhar milhões, mas sim a vontade de difundir as idéias que consideravam boas.

Assim em um grande mutirão, que durou quase 10 séculos, muitos homens e mulheres colaboraram para que a mensagem de Deus passasse de geração em geração e chegasse até hoje.

5. Diz-se que a Bíblia não é um livro fácil: é necessário ser especialista para entender a sua linguagem?

Diz assim o Concílio Vaticano II: "Nos Livros Sagrados, o Pai que está nos céus vem com muito amor ao encontro de seus filhos e conversa com eles" (DV 21).

Ora se Deus, Pai amoroso, fala-nos através da Bíblia, não é lógico pensar que a Bíblia seja um livro assim tão difícil e complicado que não possa ser lido e entendido por todos.

No documento da Pontifícia Comissão Bíblica, publicado em abril de 1993, podemos ler: "Numerosas 'comunidades de base' centralizam suas reuniões sobre a Bíblia e se propõem um triplo objetivo: conhecer a Bíblia, construir a comunidade e servir o povo. Aqui também a ajuda de exegetas é útil para evitar atualizações mal fundadas. Mas deve alegrar-se em ver a Bíblia tomada por mãos de gente humilde, dos pobres, que podem trazer à sua interpretação e à sua atualização uma luz mais penetrante do ponto de vista espiritual e existencial do que aquela que vem de uma ciência segura dela mesma (cf. Mt 11,25)" (PCB 115). A Bíblia é de todos, é para todos!

Junto com esta convicção de fundo é necessário admitir também uma outra verdade fundamental da nossa fé, aquela que diz que Deus para falar conosco não nos leva ao céu, mas se encarna na nossa história, fala a nossa linguagem humana.

Pois bem, é a fé na encarnação que nos leva a aceitar as dificuldades que encontramos quando abrimos a Bíblia e nos deparamos com uma linguagem que não é a nossa. Não se trata de uma linguagem difícil, trata-se de uma linguagem comum para as pessoas do tempo da Bíblia.

Por isso devemos aceitar serenamente essa distância que existe entre a linguagem usada na Bíblia e a nossa linguagem atual.

É justamente este o trabalho fundamental dos estudiosos e dos especialistas da Bíblia: ajudar a superar esta barreira de tempo e de cultura.

Um exemplo muito simples: quando lemos a Bíblia em português sabemos muito bem que aquilo que lemos não foi escrito no nosso idioma, e isso está dizendo-me que alguém teve de trabalhar duramente, e com muita atenção, para traduzir em português aquilo que foi escrito originalmente em hebraico e grego. Mas com a tradução não termina o trabalho do especialista, é o início do trabalho.

A dificuldade existe quando por um lado se despreza o trabalho dos estudiosos e dos especialistas e se aventura na leitura da Bíblia, esquecendo ou não levando a sério a fé na encarnação; ou quando os especialistas se fecham dentro dos seus quartos e se desinteressam totalmente das necessidades do povo de Deus, que lê a Bíblia; aí então produzem numerosos trabalhos quase inúteis. Nos dois casos deixa-se de lado a afirmação fundamental do cristianismo, que é a fé na encarnação. A respeito disso é muito interessante ler o discurso do Papa João Paulo II que está publicado junto com o documento sobre a interpretação da Bíblia.

6. Com tantos livros modernos e atuais de espiritualidade, de teologia etc., com todos os documentos da Igreja, é necessário, ainda, ler a Bíblia?

São Paulo escrevendo aos cristãos de Coríntios diz assim: "Graças sejam dadas a Deus que nos faz participar do seu triunfo em Cristo e que, através de nós, espalha o perfume do seu conhecimento no mundo inteiro. De fato, diante de Deus, somos o bom perfume de Cristo entre aqueles que se salvam e entre aqueles que se perdem" (2Cor 2,14-15).

Pois bem, Paulo usa esta comparação, esta imagem do perfume, para dizer que devemos viver e anunciar o Evangelho, todos e cada um de nós que fomos batizados e somos cristãos temos esta missão: anunciar a Palavra de Deus.

E para anunciar a Palavra de Deus São Paulo diz que devemos ter o perfume de Cristo, e a propósito de perfume conheço uma breve parábola (não está nos evangelhos), que também nos ajuda a responder à pergunta sobre a necessidade ou não de ler a Bíblia.

"Duas mulheres saíram para comprar perfume. Uma andou e andou e por fim comprou um vidrinho pequenininho que lhe custou quase todo o dinheiro que tinha. A outra andou e andou e por fim comprou um frasco com mais de um quarto de litro de perfume que lhe custou muito menos da metade do seu dinheiro.

Quando chegou o dia de festa, a segunda pegou o seu frasco de perfume, colocou aqui e ali e saiu; fez dois ou três passos, movimentou-se um pouco e suou, de perfume quase não se sentia nada. A primeira pegou o seu vidrinho e com uma minúscula gotinha se serviu e saiu, andou e andou, e estavam felizes todos aqueles que a rodeavam pelo agradável perfume que dela emanava."

Todos sabemos que em matéria de perfume o que conta não é a quantidade, mas somente a qualidade. Não adianta gastar pouco e ter muito para poder tomar um banho, digamos, de perfume e depois do segundo passo ficar como antes.

Poderia citar aqui vários trechos da Bíblia ou de documentos da Igreja ou de outros livros em que se fala da utilidade e da necessidade de ler a Bíblia.

Mas nada disso serviria para convencer ninguém, o importante mesmo é fazer a prova, é experimentar pessoalmente. Por exemplo, São Jerônimo (séc. IV) dizia que ignorar as Sagradas Escrituras é ignorar a Jesus Cristo.

A leitura da Bíblia é mais difícil e ocupa mais do nosso tempo.

Mas é ela, a Bíblia, que contém o perfume que buscamos, aquele que devemos espalhar, aquele do vidrinho pequeno, aquele que fica e agrada.

É provar para crer! Quem já provou sabe! Quem não sabe prove!

7. Qual o menor, o mais curto livro da Bíblia?

Temos três livros, seria melhor dizer escritos, que disputam entre eles esse título.

Do AT o mais curto faz parte do grupo dos assim chamados doze profetas menores e é o livro, ou o escrito, do profeta Abdias, que apesar de pequeno tem apenas 21 versículos, e dá trabalho aos estudiosos da Bíblia.

Ele contém uma mensagem muito importante que podemos resumir mais ou menos assim: "Não se deve aproveitar da desgraça alheia, entre os mais fracos, nos dias difíceis, é necessário praticar a solidariedade".

Esse escrito é uma profecia, um pouco nacionalista para dizer a verdade, contra Edom, que se aproveitou da situação quando o poderoso império da Babilônia atacou e destruiu Jerusalém. Este país-irmão não só não foi solidário mas se aproveitou da situação para conquistar terras e participar do roubo das riquezas (cf. 11-14).

Se passamos ao NT, encontramos dois escritos que disputam ainda mais, pois um tem quinze versículos e o outro tem apenas treze e é em absoluto o menor dos livros ou escritos da Bíblia.

O que tem quinze é a terceira carta de São João, que trata do caso de um bispo que ao invés de imitar Jesus, que veio para servir, abusa do seu poder e, ainda por cima, fala mal dos irmãos. Um membro da comunidade recorre a João, que tinha autoridade sobre aquela Igreja local para solucionar o problema.

A segunda carta, que é a mais curta (13 versículos), trata de um caso doutrinal.

A comunidade, que é chamada carinhosamente "Senhora eleita", corre o risco de perder o coração da fé e da vida cristã. Isto porque um grupo de pessoas andava dizendo que não era necessário acreditar que Jesus era realmente o Messias enviado por Deus e negava a encarnação do Filho de Deus. Além do mais, diziam que o mais importante não era o mandamento do amor fraterno, mas o possuir um determinado conhecimento místico intelectual.

Resumindo, podemos dizer que são três pequenos escritos que, no entanto, contêm cada qual uma mensagem de grande atualidade:

— A denúncia contra o "abuso da desgraça alheia" e a confirmação de que Deus defende o direito dos mais fracos (Abdia).

— Uma chamada de atenção contra o risco de "abuso da autoridade" por parte daqueles que Deus elegeu para servir o seu povo, imitando o exemplo de Jesus (3Jo).

— E um grito de alerta contra o "abuso do saber", contra o risco de um cristianismo intelectual, que despreza a lei da encarnação e não vive o mandamento do amor (2Jo).

É verdade que o livro do profeta Abdias, a segunda e a terceira carta de João são escritos brevíssimos, mas a mensagem deles é sempre de atualidade, pois também eles são a palavra de Deus escrita.

8. Como é possível que um livro nascido da vida e do caminho de um determinado povo possa ser a Palavra de Deus?

No primeiro capítulo da *Dei Verbum,* que é o documento do Concílio Vaticano Segundo dedicado ao tema da revelação divina e, portanto, da Palavra de Deus, lemos o seguinte:

"Foi do agrado de Deus, na sua bondade e sabedoria, revelar-se a si mesmo e manifestar o mistério de sua vontade, pelo qual os homens, por meio de Cristo, Verbo feito carne, e no Espírito Santo, têm acesso ao Pai e participam da natureza divina".

Assim continua o Concílio: "Com esta revelação, o Deus invisível, no seu grande amor, fala aos homens como a amigos e se entretém com eles para convidá-los e admiti-los à comunhão consigo".

Depois, esse documento continua dizendo que essa revelação de Deus acontece através de fatos e palavras profundamente relacionados entre si.

Com outras palavras, podemos dizer que essa revelação de Deus, esse diálogo entre Deus e a família humana, é histórica, isto é, acontece na história, a partir dos fatos históricos vividos, interpretados e comentados por homens e mulheres de um determinado povo que Deus escolheu e até formou para ser seu interlocutor.

Em abril de 1993, o Papa João Paulo II, falando aos membros da Pontifícia Comissão Bíblica, disse: "Colocar por escrito as palavras de Deus, graças ao carisma da inspiração escritural, constituía um primeiro passo verso a encarnação do Verbo (Palavra) de Deus. Estas palavras foram um permanente meio de comunicação e de comunhão entre o povo eleito e o seu único Senhor... Depois da glorificação celeste da humanidade do Verbo feito carne, é ainda graças às palavras escritas que o seu passar fica confirmado de modo permanente".

O Papa diz que a Bíblia como tal, a sua confecção, a sua transmissão e o seu conteúdo dependem do nascimento do Filho de Deus entre nós.

Por isso para responder à pergunta é necessário responder antes a uma outra pergunta fundamental: Pode Deus, que é infinito, entrar para fazer parte do nosso mundo que é finito? Pode toda a água do mar caber num buraco feito na praia (para usar uma comparação de Santo Agostinho)?

A resposta é não! Com a nossa inteligência não chegaríamos nunca, mas nunca mesmo, a conceber tal acontecimento, como foi a encarnação do Filho de Deus.

"Nos tempos antigos, muitas vezes e de muitos modos, Deus falou aos antepassados por meio dos profetas. No período final em que estamos, falou-nos por meio do Filho." É assim que começa a carta aos Hebreus.

Ao Deus, que se revela buscando diálogo conosco, devemos responder antes de tudo com a fé. "A Deus que revela é necessária a obediência da fé", diz o Concílio Vaticano, sempre na *Dei Verbum.*

Somente com a fé podemos aceitar o mistério da encarnação, do mesmo modo somente através da fé a Bíblia se torna Palavra de Deus escrita para quem a lê.

9. Quais são os livros da Bíblia aceitos, seja pelos outros cristãos como pelos católicos?

Antes de tudo é necessário fazer uma apreciação, uma distinção, entre os não-católicos.

Por um lado temos as muitas Igrejas chamadas "evangélicas" (seitas!), nascidas sobretudo no século passado, nos Estados Unidos, que na verdade não tratam a Bíblia com muito respeito e seriedade. Atrás de um pretenso trabalho científico o que encontramos é uma manipulação do texto bíblico.

Por outro lado, temos as Igrejas protestantes tradicionais (Luterana, Anglicana, e outras) que, desde o período da separação (séc. XVI) até os nossos dias, acumularam um rico, abundante e sério trabalho de estudo e pesquisa sobre a Bíblia. Tesouro do qual também nós católicos nos servimos com muito interesse e proveito.

Portanto, no campo dos estudos bíblicos, atualmente o diálogo ecumênico é uma realidade concreta; de fato existe uma tradução ecumênica da Bíblia, fruto do esforço conjunto de católicos e protestantes.

Feita essa necessária apreciação podemos responder à pergunta dizendo que a maioria dos livros da Bíblia é aceito por todos.

É mais fácil falar dos poucos livros que apresentam alguma dificuldade.

Quanto ao AT, dos 46 livros, sete não são aceitos pelos não-católicos.

Quanto ao NT, apesar de Lutero ter dado menos importância a alguns escritos (Tg, Jd, Hb, Ap), não existe nenhuma diferença, todos os livros são aceitos por todos.

Brevemente, podemos dizer que assim como a Bíblia foi construída por um mutirão que durou quase dez séculos, assim também foi um mutirão que por vários séculos permitiu a confecção do que chamamos tecnicamente cânon (cânone), isto é, a lista dos livros que juntos formam a Bíblia, a Sagrada Escritura, regra suprema da fé.

O trabalho é marcado por divergências e convergências entre as várias comunidades com relação a certos livros!

Mas no final do terceiro século, quase todos os livros que hoje formam a Bíblia já gozavam da fama de Escritura Sagrada e como tal eram lidos na liturgia, um dos critérios mais importantes para afirmar que um livro faz parte da Bíblia.

Esse processo teve a sua conclusão final e oficial, podemos dizer assim, quando Lutero propôs a sua reforma, que para ele deveria começar com a Bíblia e basear-se somente na Palavra de Deus.

Mas se por um lado ele tinha os seus livros preferidos, por outro excluía alguns. Por exemplo, para o AT Lutero preferiu aceitar somente aqueles que os judeus aceitavam como sagrados, fazendo assim deixou fora da sua Bíblia alguns livros que a tradição católica considerava e considera como inspirados, como Sagrada Escritura.

Para resolver a questão o Concílio de Trento, no dia 8 de abril de 1546, publicou um decreto sobre a Escritura Sagrada e a Tradição e nesse decreto elencou todos os livros que formam a Bíblia católica. Foi a primeira e única vez que a Igreja se pronunciou oficialmente sobre esse assunto!

Portanto, a diferença entre uma Bíblia católica e uma não-católica é de sete livros do AT. Que são: Tobias, Juízes, 1 e 2 Macabeus, Sabedoria, Eclesiástico, Baruc e algumas partes de Ester e Daniel.

Os outros 66 livros não oferecem dificuldades.

10. Uma vez me disseram que a Bíblia é um livro mágico que pode sempre nos ajudar. É verdade?

Direi que não! A Bíblia é em verdade totalmente o oposto, o contrário de um livro de magia! Porque a magia é algo que se faz (rituais, gestos, objetos...) ou se diz (fórmulas, invocações...), com as quais se tenta arrancar alguma coisa da divindade. Para dizer com outras palavras, a magia é uma tentativa de dominar, de ter um determinado poder sobre o deus para conseguir dele o que se deseja.

Se em poucas e resumidas palavras é isto o que significa “magia”, então é fácil entender por que na Bíblia não tem magia, por que não devemos considerar a Bíblia como um livro mágico.

A Bíblia é fruto do amor de Deus, da sua bondade, da

sua sabedoria (cf. Vaticano. II *DV* 2), que entrando em diálogo com a família humana revela a sua vontade, o seu amor.

Esta revelação de Deus dá-se através da história de um povo (AT) e da vinda do Filho de Deus, que se encarnou e se tornou membro da nossa família humana.

Ora bem, Jesus, máxima expressão da revelação e do amor de Deus, ensina-nos com a sua vida e com as suas palavras que devemos buscar conhecer e fazer a vontade de Deus. "Pai nosso, que estás nos céus, santificado seja o teu nome; venha o teu reino, seja feita a tua vontade assim na terra, como no céu" (Mt 6,9). Foi assim que Jesus nos ensinou a rezar. É tudo o oposto de uma fórmula mágica!

Graças a Deus, depois do Concílio Vaticano II nós, os católicos, redescobrimos a Bíblia como livro de leitura, de ensinamento, de meditação, de oração, e são milhares os livros publicados para ajudar-nos nesta reaproximação e utilização da Bíblia.

Multiplicaram-se também as propostas de métodos para ler e interpretar a Bíblia. A variedade e a diversidade podem criar confusão quando se perde um mínimo de orientação sobre o que é de menor e de maior valor e importância.

Por isso a Pontifícia Comissão Bíblica publicou em abril de 1993 um documento cujo título e argumento é: "A interpretação da Bíblia na Igreja".

Nesse documento encontramos uma breve avaliação dos vários métodos propostos para ler a Bíblia e uma indicação concreta de algumas coisas que não se pode deixar de lado, quando se deseja ler a Bíblia e se procura entender e interpretar a sua mensagem.

No final desse documento lemos: "a primeira conclusão que se salienta é que a exegese bíblica (trabalho sério e às vezes duro dos estudiosos) preenche, na Igreja e no mundo, uma tarefa indispensável. Querer dispensar-se dela para compreender a Bíblia seria ilusão e manifestaria uma falta de respeito para com a Escritura inspirada" (Ed. port., p. 118).

Que Deus seja um Pai providente e bondoso ninguém discute, mas acreditar que com a Bíblia em mãos, de um modo mágico e superficial, possa obter-se de Deus o que se quer é justamente o contrário daquilo que nos propõem a Palavra de Deus.

11. O fato de procurar espiritualizar sempre o sentido de um livro belo e até sensual como é o Cântico dos Cânticos não confirma ulteriormente a sexofobia da Igreja?

Não podemos negar que há em certos setores da Igreja uma boa dose de sexofobia!

Mas acredito que a presença do "Cântico dos Cânticos" ("O cântico por excelência" ou "O mais belo cântico") na Bíblia seja uma prova contrária a este modo de ver e conceber a sexualidade humana, criada por Deus. "E os criou homem e mulher" (Gn 1,27b), diz o livro do Gênesis, "macho e fêmea" está escrito em hebraico, sublinhando a distinção sexual!

Quanto ao Cântico dos Cânticos, os estudiosos estão quase todos de acordo que se trata de uma coleção de poemas ou cantos de amor usados, muito provavelmente, na celebração das núpcias.

Para uma parte dos estudiosos essa coleção de poemas, que canta o amor entre o homem e a mulher, foi introduzida na Bíblia por ser uma imagem muito adaptada para falar do amor de Deus pelo seu povo eleito (Igreja, cada pessoa humana).

Fazendo assim dava-se continuidade à intuição do profeta Oséias, que usou a imagem do próprio matrimônio (um pouco turbulento para dizer a verdade) para falar da relação entre Deus e o povo de Israel, intuição seguida pelos outros profetas.

Mas um outro grupo de estudiosos afirma que desde o começo esses poemas foram pensados como uma descrição poética da aliança entre Deus e o seu povo.

Esse livro despertou desde os primeiros séculos muita curiosidade entre os estudiosos e as opiniões foram sempre opostas. Atualmente, são numerosos os estudos e os livros publicados sobre este fascinante escrito da Bíblia.

A linguagem e as imagens usadas nesses poemas são distantes da nossa cultura ocidental, por isso é quase impossível ler bem esse livro sem a ajuda dos exegetas.

Por outro lado neste "Cântico mais belo" fala-se do amor, e quem já amou ou ama, estou falando do amor entre um homem e uma mulher, é capaz de entender, indo além dos símbolos e das imagens usadas, a descrição do amor na sua forma mais forte, verdadeira e pura, até mesmo na sua expressão mais sensual.

Como afirma São João: "O amor procede de Deus e todo aquele que ama nasceu de Deus e conhece a Deus..., pois Deus é amor" (1Jo 4,7-8). Santo Agostinho diz: "Ama e faz o que quer!"

Então, podemos bem aceitar que o amor humano é espelho, sacramento (símbolo e sinal) e manifestação do próprio Deus, que se faz presente na pessoa dos seres humanos que se amam. Ele (Deus) manifesta assim o seu amor e eterniza a maior experiência que os humanos podem ter dele e de si mesmos: amar e ser amado, a reciprocidade no amor!

Essa espiritualização, isto é, essa leitura parabólica do livro do Cântico dos Cânticos não alimenta nenhuma sexofobia, mas também não deixa nenhum espaço para alimentar uma visão puramente materialista do sexo, do amor, da relação entre o homem e a mulher, que exarceba o erotismo e o pansexualismo em nome do chamado "amor livre", que hoje em dia é simplesmente "sexo por sexo".

O livro do Cântico, e o que ele descreve, isto é, o amor humano, pode e precisa ser lido como uma parábola incomparável que revela a paixão e a ternura de Deus pela humanidade.

12. Que garantias nós temos que uma determinada tradução da Bíblia é fiel ao original?

Esta é uma pergunta muito boa, porque nos permite falar do trabalho minucioso e detalhista que muitos estudiosos já fizeram, fazem e continuarão fazendo, com muita seriedade e amor, para que a leitura da Sagrada Escritura seja possível a um maior número de pessoas, justamente através das traduções que são feitas nas várias línguas.

Mas sabemos que não temos nenhuma cópia original de nenhum dos seus livros, o que temos são milhares de manuscritos de toda a Bíblia ou de partes da Bíblia, provenientes de diversos lugares e períodos da história.

Esses manuscritos, isto é, essas cópias da Bíblia ou de determinados livros, eram feitos à mão por profissionais, por gente especializada que na maioria dos casos só fazia isso, pois levava muito tempo. Todos trabalhavam com muito cuidado, com muita atenção, em um clima de muito respeito pelo que estava escrito, e nem pensavam em mudar nada. Em um clima de fé trabalhavam com uma única intenção: garantir a conservação e a transmissão da Sagrada Escritura com a maior fidelidade possível.

Mas todo esse cuidado, essa atenção, não impedia que acontecessem certos erros. E esses erros podiam acontecer por vários motivos, por exemplo: não copiar uma palavra que se repetia, confundir uma letra com outra (era tudo escrito à mão), pular uma frase inteira e outros mais.

Quando mais tarde aquele manuscrito era copiado por outro amanuense e este percebia os erros, muitas vezes deixava como estava e corrigia fora do texto, outras corrigia o próprio texto. Assim com o passar do tempo e com as milhares de cópias que foram feitas, ficava e fica difícil dizer qual é a cópia que tem menos erros, qual é a que está mais próxima do texto original.

Quando Gutenberg (XV séc.) inventou a imprensa, um dos primeiros escritos a serem impressos foi justamente a Bíblia (1488 R. Joshua, Soncino, Itália), desde então se viu ainda mais a necessidade desse trabalho, que está reunido numa disciplina chamada *critica textus,* praticamente desconhecida pelo grande público, mas de grande importância para o estudo da Bíblia. O trabalho dos especialistas é justamente aquele de construir um texto mais fiel possível àquele que foi o texto original em hebreu (aramaico) e grego, para que a partir deste texto "construído" sejam feitas as várias traduções para as várias línguas.

Por isso, quando pegamos uma Bíblia e encontramos o *imprimatur,* isto é, a assinatura de uma autoridade eclesiástica (bispo), que autorizou a impressão e a difusão de uma determinada tradução da Bíblia, podemos ter a certeza de que por detrás daquela tradução está o trabalho sério de muitos estudiosos especialistas, que na maioria das vezes, desconhecidos pela maior parte dos leitores, passaram e passam toda a vida trabalhando com eficiência e honestidade para que tenhamos ao ler a Bíblia, na nossa própria língua, a maior fidelidade possível aos textos originais.

13. Podemos fazer cursos bíblicos com os protestantes, os adventistas do sétimo dia, os testemunhas-de-Jeová, os pentecostais, os luteranos, os calvinistas e outras seitas?

Atualmente já existe em vários lugares uma leitura ecumênica da Bíblia, como também já existe no comércio uma sua tradução ecumênica.

Oxalá a leitura da Sagrada Escritura possa ajudar a criar laços de fraternidade entre as Igrejas, entre os vários grupos religiosos que professam a mesma fé cristã.

Mas é preciso dizer bem claro uma coisa: o ecumenismo é como um encontro de amigos no qual ninguém vai porque está obrigado a ir. A amizade, nós sabemos, tem de brotar na gratuidade da relação, em que o prazer do encontro é igual para ambas as partes. Pois bem, assim também deve ser o encontro ecumênico.

Infelizmente nem todos os grupos religiosos, que levam o nome de cristãos, estão dispostos a iniciar ou a manter uma relação amistosa com os católicos. Sendo assim não se pode falar de ecumenismo e, portanto, não tem nenhum sentido a leitura ou o estudo em comum da Sagrada Escritura.

Para ser bem claro é necessário dizer por exemplo, que os "testemunhas-de-Jeová" não são cristãos, porque para eles Jesus Cristo não é o Filho de Deus, verdade esta fundamental para a fé cristã; portanto com eles é impossível qualquer encontro ecumênico.

Tudo isso é para dizer que não existe nenhuma norma ou lei que impeça um católico de estudar a Bíblia junto com outros cristãos. Antes, porém, de iniciar este caminho é bom conhecer bem as intenções de quem vai ao encontro.

É bom, por exemplo, que o encontro de estudo e leitura da Bíblia seja feito entre dois grupos, isto é, um grupo de católicos com um outro.

É bom também que os grupos estejam no mesmo nível de conhecimento, para que haja diálogo e não simplesmente que um ensine ao outro; se no outro grupo, por exemplo, estiver presente o pastor, é bom que entre os católicos esteja o padre ou uma pessoa preparada em estudos da Bíblia. Tudo isso para que haja um enriquecimento mútuo.

Essas indicações e outras mais são importantes para a leitura da Bíblia junto com outros grupos cristãos, para que seja motivo de um verdadeiro crescimento na fé e para uma maior vivência do amor fraterno.

Por isso acredito que é possível ler e estudar a Bíblia junto com outros cristãos, formando grupos mistos; por outro lado não acredito que seja conveniente para um católico, individualmente, freqüentar cursos bíblicos em outras Igrejas cristãs, a menos que tenha expressamente consultado o padre ou o responsável da própria comunidade.

Para concluir, quero lembrar que atualmente, em todas as partes, há encontros e cursos bíblicos organizados pelas comunidades católicas, quem quiser realmente conhecer a Bíblia não vai ter dificuldade. E se por acaso no lugar onde você mora essa possibilidade ainda não existe, fale com os responsáveis da sua comunidade, pois já existem vários subsídios para grupos bíblicos (e se o pessoal pedir vai ter ainda mais).

14. Em algumas passagens do Novo Testamento fala-se da Escritura. Qual era a Bíblia que Jesus e os seus contemporâneos liam?

Podemos dizer que a Bíblia existente no tempo de Jesus é, em linha de máxima, a parte da Bíblia que hoje chamamos de Antigo Testamento e para distinguir dessa parte os livros que foram escritos depois de Jesus, chamamos de Novo Testamento. Este fala de Jesus, das suas obras e dos seus ensinamentos, e do que aconteceu com os primeiros homens e mulheres que acreditaram nele.

A Bíblia hebraica, como é chamada hoje a Bíblia que existia no tempo de Jesus, contém todos os livros do nosso AT, menos alguns que foram escritos em grego e por isso não foram aceitos como Escritura Sagrada pelos rabinos. Esses livros são: 1 e 2 Macabeus, Judite, Tobias, Sabedoria, Baruc, Eclesiástico, e parte do livro de Ester e de Daniel.

Além da ausência desses livros, há outra diferença mais importante entre o nosso atual Antigo Testamento e aquela que era a Bíblia no tempo de Jesus. Essa diferença está na ordem dos livros, que correspondia também à importância e ao valor que eram dados aos vários livros, ou melhor a um determinado conjunto de livros.

A Bíblia hebraica está dividida em três partes diferentes: os livros da Torah, os livros dos *Nebiim* e os *Ketubim*.

Em primeiro lugar, como coração de toda a Escritura, está a Torah, que em hebraico quer dizer "lei". Estes cinco livros (o nosso Pentateuco) são mais importantes que os outros, porque são como a "carta de identidade" do povo de Israel; ali diz como ele nasceu, a quem deve respeito, que leis deve seguir e, principalmente, que Israel é o povo eleito de Deus. Diz que Deus estabeleceu uma aliança com Israel para manifestar a sua glória, a sua bondade, o seu amor a todos os povos, de todos os tempos.

Moisés é o personagem principal desses livros e, segundo a tradição rabínica, teria sido ele quem escreveu os cincos livros da Torah, chamada por isso a "lei de Moisés".

Começando com a narração da criação do mundo, os livros da Torah terminam justamente com a morte de Moisés, antes de entrar na Terra Prometida.

Depois vêm os escritos dos Profetas *(nebiim)*, divididos em duas partes: os profetas anteriores e os posteriores. Esta seção começa com o livro de Josué e termina com o livro de Malaquias.

É a história de Javé, o Deus de Israel, com o seu povo. História feita de altos e baixos, história que revela que o Senhor é sempre fiel e não volta atrás na sua escolha, apesar das muitas infidelidades do povo e dos seus governantes.

Aqui os profetas são aqueles a quem Deus escolheu para ajudar o povo a descobrir a vontade divina nos vários acontecimentos da história. São eles que mostram ao povo os seus pecados, que anunciam os caminhos que se deve seguir para ser fiel a Deus, que falam da ira e da misericórdia do Senhor.

Em terceiro lugar, começando com o livro dos Salmos, está a coleção chamada Escritos, que recolhem, além das orações, os escritos que são frutos da sabedoria acumulada por Israel na sua história de povo eleito.

Conhecer a Bíblia que Jesus leu ajuda-nos a entender melhor a sua mensagem, por outro lado foi ele mesmo quem disse: "Não pensem que eu vim abolir a Lei e os Profetas. Não vim para abolir, mas para dar-lhes pleno cumprimento" (Mt 5,17).

15. Posso ler as traduções bíblicas dos protestantes?

Em linha de máxima direi que sim, que não comete nenhum "erro" ou "pecado" quem lê uma Bíblia cuja tradução dos textos originais não foi feita por católicos. Porque o que interessa, no fundo, não é a tradução como tal, mas a interpretação que se faz dos textos sagrados. Tanto é assim que já existe uma tradução ecumênica da Bíblia (TOB), que foi feita a partir dos textos originais, isto é, do hebraico, aramaico e grego para o francês e depois também para as outras línguas.

Também no campo da exegese, isto é, da interpretação da Bíblia, superou-se a difidência de uns tempos atrás e atualmente há uma boa colaboração e uma aceitação mútua dos trabalhos feitos.

Assim podemos ler no documento sobre a "Interpretação da Bíblia na Igreja", da Pontifícia Comissão Bíblica: "Graças à adoção dos mesmos métodos e de metas hermenêuticas análogas, os exegetas de diversas confissões cristãs chegaram a uma grande convergência na interpretação das Escrituras, como mostram o texto e as notas de diversas traduções ecumênicas da Bíblia, assim como em outras publicações" (IV, C4).

Portanto, quem quiser pode usufruir dessas traduções que já são frutos de um prévio trabalho de entendimento e de ecumenismo.

É bom, porém, lembrar que geralmente as Bíblias protestantes não contêm aquelas notas ou explicações que toda Bíblia católica tem de trazer junto com o texto. Essas notas são muito úteis e até mesmo indispensáveis, pois de outro modo vários trechos da Bíblia seriam incompreensíveis sem a ajuda de algum tipo de explicação.

Depois lembro ao leitor que atualmente, no Brasil, há mais de 4 ou 5 traduções da Bíblia, todas feitas por católicos e todas acompanhadas por ótimas introduções e notas, e com um português claro e atualizado.

Interessante é o que encontramos no documento sobre a "Interpretação da Bíblia na Igreja", escrito pela Pontifícia Comissão Bíblia: "Numerosas 'comunidades de base' centralizam suas reuniões sobre a Bíblia e se propõem um triplo objetivo: conhecer a Bíblia, construir a comunidade e servir o povo".

São indicações importantes para quem deseja ler a Bíblia de um modo sério:

— Ler para conhecer: quem não lê diretamente nunca vai conhecê-la, mesmo que leia vários livros sobre a Bíblia.

— Ler em comunidade: a leitura individual é importante, mas não é suficiente para quem deseja realmente acreditar nas palavras da Bíblia, ninguém recebe a fé dele mesmo.

— Ler para construir a comunidade e para estar pronto a servir na construção do reino de Deus, que se constrói servindo como Jesus, que começou pelos mais pobres e marginalizados (Lc 4,16ss.).

Assim escreve São Paulo a Timóteo, seu colaborador e também sucessor: "Toda Escritura é inspirada por Deus e é útil para ensinar, para refutar, para corrigir, para educar na justiça, a fim de que o homem de Deus seja perfeito e preparado para toda boa obra" (2Tm 3,16-17).

16. É verdade que a Bíblia proíbe a transfusão de sangue?

É claro que não! Até mesmo porque naquele tempo nem se sonhava que existisse a possibilidade de realizar uma transfusão de sangue!

Ao contrário, podemos dizer sem medo de errar que a Bíblia recomenda a doação de sangue! Vejamos o porquê.

Jesus no evangelho de João diz: "Não existe amor maior do que dar a vida pelos amigos" (Jo 15,13).

Sabemos muito bem que para o povo da Bíblia o sangue era portador de vida (Lv 17,11), era como a vida mesma (Gn 9,5; Dt 12,23). Por causa disso era proibido comer qualquer tipo de sangue.

Uma lei proibia de comer a carne do animal que foi sufocado, sob a pena de ser expulso da comunidade, pois nestes casos o sangue permanece e impregna a carne (Gn 9,4; Dt 12,23ss.).

Quando nós, por exemplo, falamos que alguém "versou o sangue" para dizer que tirou a vida, isto é, que matou um ser humano, estamos usando a linguagem típica do povo da Bíblia (Lv 17,14; Dt 27,25).

E Deus disse a Caim: "Ouço o sangue de seu irmão Abel, clamando da terra para mim" (Gn 4,10b).

Segundo a Lei do Talião, isto é, a lei do "tal qual", uma pessoa que matava merecia como pena a morte, pois ninguém tem direito de derramar o sangue do próximo (Êx 21,23). A vida é uma propriedade exclusiva de Deus, atentar contra a vida é atentar contra Deus que a protege (Gn 9,6).

E por causa de sua sacralidade, o sangue era muito usado nos sacrifícios rituais, isto é, no relacionamento com a divindade.

Por exemplo: servia para a expiação do pecado (Lv 17,11); para a consagração dos sacerdotes (Êx 29,15-26). Além disso era sinal da amizade e da preferência de Deus, da aliança, da purificação e da reconciliação da comunidade. O sangue derramado sobre o povo tinha o poder de renovar a comunhão com Deus (Lv 4,5).

No NT a morte na cruz de Jesus Cristo é o único sacrifício cruento, isto é, com derramamento de sangue, que estabelece a nova e definitiva Aliança (1Cor 11,25).

Mas o memorial desse sacrifício único é realizado de uma forma incruenta, isto é, sem derramamento de sangue, e usando os vários símbolos existentes.

O sangue derramado por Cristo, na cruz, é expressão máxima da sua doação, é a manifestação maior e única do amor misericordioso de Deus.

O sangue de Jesus Cristo une os homens entre si e com Cristo quando participam do banquete eucarístico (1Cor 10,6ss.; Jo 6,54ss.).

Isto faz parte da nossa fé cristã, este é o fundamento da nossa esperança, o modelo para o nosso amor.

Podemos ler a frase de Jesus assim: "Não existe amor maior que doar 'o sangue' (a vida) pelos amigos".

E se hoje a ciência nos oferece a possibilidade de dar a vida ao próximo, doando realmente parte do nosso sangue, isto não vai absolutamente contra o que está escrito na Bíblia. O que a Bíblia proíbe é matar.

Quando se realiza uma transfusão de sangue, tanto quem doa como quem recebe desejam sustentar a vida. É um gesto de amor que provoca uma comunhão profunda. Foi justamente para isso que a Bíblia foi escrita. Usar a Bíblia para ir contra a transfusão de sangue é sinal de ignorância ou de má fé.

Lugares bíblicos

1. Por que a cidade de Jerusalém é tão importante para a Bíblia?

Jerusalém é uma cidade muito antiga e o seu nome aparece escrito em documentos egipcianos do século XIX a.C., mas com certeza já existia desde muito antes. O seu nome aparece na Bíblia pela primeira vez no livro do Gênesis 14,18, no qual é chamada cidade de Salém (episódio que Melquisedec abençoa Abraão). Provavelmente seja esta a origem do nome: a primeira parte é uma raiz que significa fundação ou posse, a segunda *shalem* uma divindade antiga, assim temos então o nome em hebraico *ieruchalem,* que aportuguesado se torna Jerusalém.

Mas a fama e a importância dessa cidade, situada estrategicamente no alto de uma colina de difícil acesso e que por isso sempre resistiu ao ataque dos inimigos que desejavam conquistá-la, começa com o rei Davi, há mais ou menos mil anos antes de Cristo.

Quando as doze tribos de Israel, lideradas por Josué, entraram na terra de Canaã e conquistaram muitas outras cidades, Jerusalém, que era chamada a cidade dos jebuseus, não foi conquistada.

Foi o segundo rei de Israel, Davi, que com um exército de mercenários e com muita astúcia, conquistou essa cidade fortificada. Assim lemos no segundo livro de Samuel: "Davi instalou-se na fortaleza e deu-lhe o nome de Cidade de Davi. Em seguida construiu uma grande muralha ao seu redor, desde o meio até o interior. Davi ia crescendo em poder. E Javé, Deus dos exércitos, estava com ele" (5,9-10). Mas não é tanto por isso que Jerusalém ficou importante.

O que fez de Jerusalém uma cidade de importância, sem comparação com outras cidades, foi o fato de que Davi construiu um santuário e levou para lá a "Arca da Aliança", que continha as Tábuas das Palavras de Deus. Davi pretendia construir uma casa para Deus, isto é, um templo, mas o profeta Natã leva ao rei uma mensagem na qual Deus se comprometia a construir, ele mesmo, uma casa para Davi, isto é, Deus garantiria para sempre o poder para os descendentes de Davi. Foi Salomão, seu filho, quem construiu um grande templo. Deste modo em Jerusalém concentrou-se os dois poderes: o político com o palácio do rei e o religioso com o templo, que foi construído na colina de Sião, território ao norte da cidade.

Como os sacrifícios de louvor e de comunhão eram oferecidos somente diante da Arca da Aliança, porque era o símbolo da presença de Deus no meio do seu povo, agora que se encontrava no templo, os fiéis de todo o país subiam a Jerusalém para oferecer o próprio culto a Deus. Além disso as festas mais importantes, como a "Páscoa" e a "festa das Cabanas", eram celebradas somente em Jerusalém.

Mesmo depois do exílio de Babilônia, quando foi devastada e o templo destruído, Jerusalém não deixou de ser uma cidade símbolo para o povo de Deus.

Era cantada nos salmos, foi objeto de muitas profecias como: cidade de Davi, cidade de Deus, trono de Javé, morada de Javé, o lugar onde é invocado o nome de Deus, o lugar de onde Deus faz ouvir a sua voz. Ver reconstruída Jerusalém como nos tempos de Davi e Salomão, entrar no seu grande templo, era o sonho de todo hebreu.

Quando Jesus nasceu, Jerusalém contava quase mil anos de ser a Cidade Santa, meta de muitos peregrinos, coração político e religioso do seu povo. Jesus não rejeita Jerusalém, nem o templo, como fizeram os essênios, um grupo religioso do seu tempo, isto é, uma espécie de seita.

Ele foi apresentado no templo, como escreve São Lucas; vai a Jerusalém para as festas, escreve São João. Em Jerusalém realiza os "sinais de Deus" (milagres), anuncia a palavra do Pai e entra triunfante como herdeiro da promessa feita a Davi.

Escandaliza-se ao ver o lugar de encontro com Deus transformado em um lugar de comércio. Jesus chama Jerusalém de "a cidade que mata os profetas" e chora sobre a cidade, porque ela não soube reconhecer o tempo no qual foi visitada por Deus.

Em Jerusalém foi crucificado pelos poderes político e religioso, mas ressuscitado pelo poder de Deus Pai.

Assim, em Jerusalém, Jesus estabeleceu a nova e eterna Aliança entre Deus e todos os povos, conforme anunciavam os profetas. Com Jesus, que é da família de Davi (Lc 2,1-4), o reino é eterno.

Com a vinda do Espírito Santo, a primeira comunidade cristã é pronta para, desde Jerusalém, anunciar a todos os povos, até os confins da terra, a palavra e o amor de Deus.

Mas Jerusalém e o seu templo não são mais o lugar central da salvação. Jerusalém terrestre não tem mais a função e a importância de antes, porque Deus será adorado em todos os lugares, em espírito e verdade, como diz Jesus no encontro ao lado do poço com a samaritana (Jo 4).

Para concluir, o livro do Apocalipse fala que Deus mesmo vai edificar uma nova Jerusalém, a Jerusalém celestial, a cidade do grande rei, onde o sol brilhará sempre. Nesta nova Jerusalém se realizarão completamente todas as profecias que falam da grandeza, da fama, do poder e da glória da cidade de Deus. Nesta nova Jerusalém Deus é fonte de vida e de luz, é acessível sem a mediação de um sacerdote, de fato não haverá um templo; os eleitos poderão ver o rosto de Deus e poderão dispor da árvore da vida (Ap 21).

2. Qual era a situação, o quadro político da Palestina no tempo de Jesus?

Na época em que Jesus viveu, a Palestina (Galiléia, Samaria e Judéia) era dominada pelos romanos que haviam ocupado o posto dos gregos.

Na Cesaréia, cidade costeira (Mar Mediterrâneo), morava o procurador romano que dependia, porém, do governador da Síria (província romana da qual fazia parte a Palestina). Mas eles gozavam de certa autonomia no exercício do poder (Pilatos foi um deles).

Roma permitia que as questões internas do judaísmo fossem tratadas segundo a lei judaica (respeita assim os privilégios que os judeus haviam conquistado durante o tempo da dominação grega e mesmo antes com os persas).

O órgão principal de poder era o Sinédrio, que acumulava as funções religiosa, política, econômica, social. Havia até uma força policial, a polícia do templo, isto porque o templo era o lugar onde o Sinédrio exercia os seus poderes.

Não podemos falar que existiam partidos políticos, como os nossos hoje. Existiam alguns grupos que se destacavam pelas suas posições diante dos problemas e das possíveis soluções. E as questões eram políticas, religiosas, econômicas e sociais.

Eram três os grupos bem definidos, com um quarto grupo que corria por fora.

— Os saduceus, que eram de tendência conservadora e estavam dispostos a colaborar com o poder dominante (persas, gregos, romanos). Neste grupo encontramos a maior parte da aristocracia (ricos, donos de terras, comerciantes grandes...) e também a classe sacerdotal (poder hereditário). Religiosamente se destacavam por aceitar só o que estava escrito na Lei (Torah).

— Os fariseus, que não eram ricos economicamente, eram na maioria intelectuais (estudiosos das Escrituras), mas que exerciam uma profissão para viver (eles não poderiam viver do ensinamento da Torah: cf. Paulo que fabricava tendas). A maior preocupação deles não era política mas sim religiosa, não tinham interesse do poder pelo poder, estavam interessados no ensinamento e na vivência dos preceitos da Lei e de uma rica tradição de atualização das Escrituras, que se transmitia oralmente de mestre a discípulos e era chamada a "tradição dos pais" (às vezes eram muito escrupulosos nas questões legais, cf. evangelhos).

— Os zelotas eram o grupo da chamada "oposição radical", e até violento (cf. a situação atual daquela região!). Eram partidários de uma reação armada contra os invasores romanos. Acusavam de colaboracionistas os que pagavam impostos (quase todos eram obrigados a pagar!). Defendiam radicalmente a idéia de que somente Deus devia ser respeitado como chefe da nação. De fato eles organizavam ações violentas contra os invasores (Barrabás era um deles!).

— Os essênios eram um grupo que, esperando o fim dos tempos e a chegada da salvação definitiva de Deus, retirou-se no deserto. Viviam em comunidade (mais ou menos como os monges de hoje!) em clima de oração, de leitura das Escrituras e de celebrações litúrgicas, esperando a chegada de um messias.

Jesus não se identificou totalmente com nenhum desses grupos. Isto não significa que a sua pregação não tivesse implicações religiosas e políticas. A sua condenação foi fruto de uma mistura de motivos religiosos e políticos.

Para maiores informações ler o texto-base da campanha da fraternidade de 1998: Justiça e paz se abraçarão.

3. Israel continua sendo hoje o povo eleito de Deus, de acordo com o Antigo Testamento?

Esta pergunta não tem uma resposta fácil!

É só ler os capítulos 9, 10 e 11 da carta aos Romanos para perceber logo como esta pergunta passou pela cabeça de Paulo, que ficou muito preocupado com a resposta, pois afinal se tratava de uma contradição.

A contradição estava no fato de que o próprio povo escolhido, portador da história da salvação, tivesse rejeitado Jesus Cristo e tivesse assim se auto-excluído da salvação. A questão era um escândalo, seja para os judeus como para os pagãos e, de certo modo, comprometia o êxito do Evangelho (Rm 9,1-5).

Logicamente não é possível aqui resumir o que Paulo escreve nesses capítulos, podemos sublinhar alguns pontos que para São Paulo são importantes e a partir dos quais se poderia refletir sobre a questão:

1. As promessas de Deus a Israel não falharam. Mas o verdadeiro Israel, herdeiro das promessas, não são os filhos carnais de Abraão, mas aqueles que têm fé, como o mesmo Abraão teve e por isso agradou a Deus (9,6-13).

2. O Evangelho da salvação é um só e é acessível a todos, sem distinção de raça, cor, língua ou nação; seu conteúdo fundamental é este: Jesus Cristo é o Senhor da vida, porque Deus o ressuscitou dos mortos, e é ele quem liberta o ser humano e o conduz para uma vida nova (10,5-13).

3. Ao contrário do que se poderia crer, Deus não rejeitou Israel e assim como um resto permaneceu fiel no tempo do profeta Elias, agora também há israelitas que acreditam no Evangelho, garantindo desse modo a continuidade do projeto de Deus na história (11,1-10).

4. Mal acolhido por parte de Israel, o Evangelho pode ser anunciado aos pagãos e assim a Igreja primitiva se liberta do judaísmo. Segundo Paulo este fato deveria provocar o ciúme de Israel e chamá-lo para Cristo. Paulo, então, espera e entrevê a conversão de Israel como uma ressurreição (11,11-15).

5. Como conclusão São Paulo afirma claramente que o povo de Israel não foi rejeitado para sempre, porque Deus não volta atrás na sua escolha. O futuro da salvação fica aberto ao povo da promessa. E Paulo diz que através de uma história misteriosa Deus continua a guiá-lo, para mostrar a todos que ele salva porque ama, pois a sua misericórdia é dirigida a todos, indistintamente.

Mas para mostrar que as coisas não são assim tão claras e que, no fundo, fica o mistério, Paulo conclui a sua reflexão com estas palavras: "Como é profunda a riqueza, a sabedoria e a ciência de Deus! Como são insondáveis as suas decisões e como são impenetráveis os seus caminhos! Quem poderá compreender o pensamento do Senhor? Quem jamais foi seu conselheiro? Quem lhe emprestou alguma coisa, para que ele tenha algo a devolver?" (Rm 11,33-35).

Convido o amigo a ler estes três capítulos (9,10,11) da carta aos Romanos e depois fazer a própria reflexão a partir da Sagrada Escritura!

4. Por que na Bíblia Sodoma e Gomorra aparecem sempre juntas e ligadas ao final trágico da total destruição?

A primeira vez que os nomes de Sodoma e Gomorra aparecem na Bíblia é no capítulo 13 do livro do Gênesis, em que se narra a separação entre Abraão e seu primo Ló. Não havia espaço suficiente para os dois grupos, então, Abraão deixou que Ló escolhesse primeiro para onde ir.

Ló viu que o lado oriental do rio Jordão era todo irrigado, parecia um jardim (Gn 13,10-11). Neste ponto o escritor bíblico põe uma nota explicando que Sodoma e Gomorra eram assim antes de o Senhor Deus destruí-las (Gn 13,10). Logo depois escreve que "os habitantes de Sodoma e Gomorra eram grandes criminosos e pecavam contra o Senhor Deus" (Gn 13,13), mas não diz de que crimes ou pecados se tratavam. E apesar da invocação de Abraão (18,16-33), aconteceu a destruição (19,23-28). Mas por que essas cidades foram destruídas? Qual era o pecado? Na Bíblia mesmo encontramos algumas tentativas de explicação:

— No capítulo 19 do Gênesis deixa-se entender que o pecado era os desvios sexuais dos seus habitantes, sobretudo a homossexualidade masculina (Gn 19,5).

— No livro do profeta Isaías o pecado era de autojustificação. Falando da eminente destruição de Jerusalém diz: "A expressão do rosto os condena: como Sodoma, eles fazem propaganda do seu pecado e nem sequer o escondem. Desgraçados! Preparam o mal para si mesmos" (Is 3,9).

— Já no livro do profeta Ezequiel diz-se que o pecado era de orgulho e de comportamento anti-social causado pelo bem-estar econômico. Falando contra Jerusalém o profeta lembra de Samaria, capital do reino do Norte, que já havia sido destruída, e diz assim: "O pecado de sua irmã Sodoma foi este: ela e as cidades dependentes (aqui entra Gomorra!?) estavam cheias de soberba, abundância e despreocupação, mas não deram a mão para fortalecer o pobre e o indigente. Eram orgulhosas e faziam coisas abomináveis. Por isso eu as eliminei, como você viu" (Ez 16,49-50).

Mais que suposições sobre o pecado dos habitantes de Sodoma e Gomorra, o que os autores bíblicos fazem é colocar essas duas cidades como exemplos que mostram as conseqüências do pecado, quando não é acompanhado do devido arrependimento e da conversão.

No livro do profeta Jeremias lemos: "Entre os profetas de Jerusalém, o que vi era horrível: cometem adultério (idolatria) e praticam a mentira; dão a mão aos malfeitores para que ninguém se converta de sua maldade. Para mim, todos eles são como Sodoma e os habitantes de Jerusalém como Gomorra" (Jr 23,14).

No capítulo 10 do evangelho de Mateus fala-se da convocação dos doze apóstolos e das várias instruções de Jesus. No final Jesus diz assim: "Se alguém não os receber bem e não escutar suas palavras, ao sair dessa casa e dessa cidade, sacudam a poeira dos pés. Eu garanto a vocês: no dia do julgamento as cidades de Sodoma e Gomorra serão tratadas com menos rigor do que essa cidade" (Mt 10,14-15). Aqui se fala da rejeição da Palavra de Deus, da rejeição de Deus mesmo, a conclusão é que se permanece no próprio pecado e se sofre depois as terríveis conseqüências.

A insistência de Abraão, da qual nos fala a Bíblia (Gn 18,16-33), foi em vão, pois Deus não encontrou em Sodoma e Gomorra o mínimo de arrependimento, o mínimo de boa vontade! Este é o grito de alerta!

Casamento

1. Como se casava no tempo de Jesus?

O casamento é considerado na Bíblia como uma forma normal de vida para todo homem e mulher (Gn 2,24). Todos deveriam casar e ter filhos e filhas, como está escrito no livro do Gênesis. Não fazer assim era desrespeitar a Lei de Deus.

Não encontramos na Bíblia muitas leis que dizem como se deveria fazer para casar; há sim várias leis que ajudavam a julgar algumas anomalias que poderiam acontecer com respeito ao matrimônio, como por exemplo o adultério, a violação de uma jovem virgem e outras irregularidades.

Colocando junto os vários textos que falam do argumento, podemos saber o seguinte em relação ao matrimônio.

Normalmente eram os pais, do moço e da moça, que tratavam do assunto. Mas podia ser também que o próprio interessado tratasse diretamente, como fez Jacó, que tratou com Labão, o pai da sua amada Raquel.

O contrato de matrimônio era feito em dois tempos, isto é, quando um jovem manifestava interesse por uma jovem mandava o pai ou tratava do assunto com o futuro sogro; se tudo corresse bem a jovem, que muitas vezes era ainda uma menina, ficava prometida em casamento, como lemos, por exemplo, no evangelho, que Maria era prometida como esposa a José.

Desse compromisso a jovem não podia liberar-se por sua vontade, mas o futuro esposo poderia por determinados motivos rejeitar a futura esposa, como queria fazer José com Maria. Para isso deveria, porém, fazer um documento igual ao do divórcio, pois era como se fosse casado com ela.

Quando chegava o momento celebravam as bodas de matrimônio, que era uma festa grande que podia durar vários dias. Daí então os dois passavam a morar juntos e a ter seus filhos.

Normalmente um homem, que tivesse condição econômica, poderia ter mais de uma mulher, mas todas teriam os mesmos direitos de esposa; se isto não acontecia, a mulher rejeitada podia pedir o divórcio, ficar livre e esperar que outro homem a tomasse como esposa.

A mulher considerava-se realizada quando dava filhos e filhas ao próprio marido, mesmo que ele já tivesse outros filhos com outra esposa. Quando acontecia de não gerar filhos, ela dava a própria serva (escrava) ao marido e o filho da serva era considerado como seu filho. Assim, por exemplo, fez Sara, mulher de Abraão, e Raquel, mulher de Jacó.

Tudo isso, em um primeiro momento, pode dar a impressão de que houvesse uma grande promiscuidade, o que não é absolutamente verdadeiro. Tudo era muito organizado e regulado. Apesar das aparências, as mulheres eram bem defendidas pelas normas e pelas leis, evidentemente no quadro daquela cultura.

O matrimônio foi sempre considerado uma instituição divina, e o desrespeito às normas e às leis que regulavam a vida matrimonial era considerado um pecado contra Deus, que em alguns casos, como o adultério por exemplo, era penalizado com a morte.

Imagens

1. Por que na Bíblia se proíbe fazer imagens de Deus?

Realmente encontramos na Bíblia leis que proíbem a construção e a adoração de qualquer tipo de imagem de Deus. Podemos citar: Êx 20,4-5; Lv 19,4; Dt 5,7-10 e o Decálogo.

Também os profetas rejeitam qualquer tipo de culto com imagens de Deus: Os 2,10; Is 2,8; 10,10s.

O porquê dessa proibição podemos explicar com duas motivações principais, uma negativa e outra positiva.

A negativa depende do modo de fazer dos povos, que eram vizinhos ao povo da Bíblia (cananeus, arameus etc.). Para esses povos a imagem que faziam não era simplesmente a imagem do deus deles, mas sim a presença mesma do deus.

Sendo assim, possuir uma imagem era possuir o deus, adorá-la era adorar o próprio deus. Pensavam também que possuindo a imagem do deus tinham poder sobre o deus da imagem, que podiam exercer certo domínio sobre ele.

Desse modo as várias práticas mágicas realizadas com as imagens tinham como finalidade conseguir do deus as coisas desejadas, em outras palavras, através da imagem do deus podia dominar-se o mesmo deus, assim pensavam eles (cf. por exemplo a tradição da imagem de Santo Antônio, que deve ficar de cabeça para baixo até a pessoa achar um marido!).

É fácil entender, então, o porquê da proibição de fazer

imagem de Javé, não que Deus tivesse medo de ser dominado através de uma sua imagem, pensar assim é absurdo. O que se queria impedir era que o povo pensasse poder dominar a Deus de um modo ou de outro, o que é totalmente o contrário daquilo que ele propõem com a sua aliança. Ele não quer dominar, mas também não pode ser dominado. Deus é Deus.

A outra motivação é positiva e nós a encontramos escrita já nas primeiras páginas da Bíblia, no livro do Gênesis assim lemos: "Então Deus disse: 'Façamos o homem à nossa imagem e semelhança...' Deus criou o homem à sua imagem, à imagem de Deus o criou; e ele os criou homem e mulher" (Gn 1,26-27). A mesma coisa reza o Salmo 8,6-8.

Isto não quer dizer que o homem e a mulher são iguais em tudo a Deus, em poder e perfeição. Mas quer dizer que se desejamos encontrar alguma coisa que nos faça conhecê-lo melhor, devemos buscar em nós mesmos; no melhor do ser humano encontramos a verdadeira imagem de Deus, não para dominá-lo mas para criar comunhão de vida.

Já no Novo Testamento, São Paulo na carta aos Colossenses diz que Jesus Cristo é a imagem perfeita do Deus invisível, o primogênito de toda criatura (1,15). Depois ele tira as conseqüências e, falando da vida nova, diz: "Não mintam uns aos outros. De fato, vocês foram despojados do homem velho e de suas ações, e se revestiram do homem novo que, através do conhecimento, se vai renovando à imagem do seu Criador" (3,9-10).

Esta semelhança é a comunhão com Jesus Cristo na morte e na ressurreição, é a participação à sua glória futura, no reino escatológico.

Patriarcas

1. Que quer dizer patriarca, onde se fala deles e quem são?

A palavra patriarca vem do grego e é fruto da união de duas palavras *pater* que significa pai e *arché* que significa início ou começo. Deste modo, a palavra patriarca significa pai do início ou, se queremos, o primeiro pai; pode também significar aquele que começou.

Na Bíblia os patriarcas são apresentados como os protagonistas do livro do Gênesis, que significa justamente o começo, o início.

As narrações que encontramos no livro do Gênesis são de diversos períodos históricos, de diversos ambientes e grupos étnicos, de diversos lugares. Os vários trechos das tradições que falavam dos patriarcas foram recolhidos e elaborados muitas vezes, misturaram-se e influenciaram-se uns aos outros antes de formar o escrito considerado sagrado e, portanto, imutável, que chegou até nós. Por isso encontramos alguns episódios que são narrados duas vezes para o mesmo personagem ou são escritos duas vezes, mas com dois personagens diferentes.

No livro do Gênesis encontramos os 10 patriarcas que existiram antes do "dilúvio", que vão de Adão a Noé e que são considerados os pais da humanidade, pais de grupos familiares ou de uma determinada categoria social.

Os primeiros onze capítulos do Gênesis mostram-nos

como a criação, que Deus considerou como boa, como muito boa, foi distanciando-se dele. O pecado de Adão e Eva, o assassinato de Abel pelo próprio irmão Caim; a violência e a corrupção aumentam tanto que Deus quase se arrepende de tê-la criado, mas em consideração a Noé e à sua família, não destruiu tudo. A narração do dilúvio é como uma nova criação. Depois temos a pretensão de subir aos céus sem contar com a ajuda de Deus, no episódio da Torre de Babel. Assim, enquanto a humanidade se dispersava na confusão das línguas, Deus prepara-se para entrar definitivamente no mundo e na história que ele mesmo criou.

Com a chamada, a vocação de Abraão, que em hebreu significa "pai do povo", começa a revelação, a comunicação de Deus, o diálogo de Deus com a humanidade.

A história de Abraão está diretamente ligada à história de toda a humanidade: com ele começa a surgir o embrião de um povo que terá a missão de trazer a bênção de Deus para todas as nações da terra.

Abraão deixa a sua rica terra, onde existia um bom progresso cultural e econômico, para seguir a voz do Deus que o chamou pelo nome.

Era o início de uma história que tem o seu clímax em Jesus Cristo e que continua com a história da Igreja. É a história da salvação. É a história do amor de Deus que se revela e quer fazer comunhão com toda a humanidade, com cada homem e mulher. É a história da fé, pois cada um deve crer e responder pessoalmente a este convite de Deus.

Por isso Abraão é chamado patriarca da fé, ele e os seus descendentes, Isaac, Jacó e os seus doze filhos.

Os últimos 13 capítulos do livro do Gênesis são dedicados à história de José e seus irmãos. O livro do Gênesis termina com a morte de José, cujas últimas palavras são: "Estou para morrer, mas Deus cuidará de vocês e os fará subir daqui para a terra que ele prometeu com juramento dar a Abraão, Isaac e Jacó" (50,24). Aqui termina o período dos patriarcas do povo de Deus.

Quando Deus chama Moisés, apresenta-se como o Deus de Abraão, Isaac e Jacó.

Deus não começa com Moisés, ele continua o que já havia iniciado por vários séculos atrás quando chamou Abraão.

Por isso, quando falamos de "patriarca", estamos referindo-nos a esses homens que viveram em tempos muito distantes, mesmo entre eles, como por exemplo Noé e José, mas foram tempos nos quais devemos buscar o início da criação, da história da humanidade. Tempos do início da história da libertação, que é obra conjunta de Deus e de cada geração que foi, que é e que será chamada a confrontar-se com a vida, com a história e com o Deus da história, o Deus da vida (Jo 10,10).

Povos bíblicos

1. Quem eram os samaritanos?

Nome que se dá na Bíblia aos habitantes da Samaria, que é uma região da Palestina, que se encontra entre a Judéia ao sul e a Galiléia ao norte.

A indisposição dos habitantes da Judéia no confronto dos samaritanos, que encontramos nos evangelhos, é fruto dos acontecimentos históricos.

Em breve, podemos dizer o seguinte: sabemos que Davi, o segundo e mais importante rei em Israel, conseguiu conquistar e unificar em um só reino todo o território da Palestina, e a capital do reino era a cidade de Jerusalém. Salomão, filho e sucessor de Davi, aumentou o comércio e a fama de Israel com a sua sabedoria e construiu um grande templo em Jerusalém, para onde peregrinavam os habitantes de toda a Palestina.

Mas os sucessores de Salomão dividiram o reino e o território em dois. Samaria, que era uma cidade, passou a ser a capital do reino do norte em contraposição com Jerusalém. Isto aconteceu em 886 a.C.

Desde então houve muitas guerras e conflitos entre os dois reinos e seus aliados.

Em 722 a.C., o reino do norte foi invadido pelos assírios, e a Samaria, capital, foi destruída. Seguindo o costume dos poderosos vencedores daquele tempo, os assírios misturavam os povos que iam conquistando, fazendo-os imigrarem de um lugar para o outro. Assim dificultavam e impediam a organização dos povos conquistados na reconquista da própria liberdade.

Foi assim que chegaram na região conquistada da Samaria outros povos, com seus costumes, com sua cultura e com seus deuses.

A parte do povo de Israel que estava naquela região aceitou certa mistura, certo sincretismo religioso com esses povos, alguns dos quais já conviviam ali desde muito tempo. O que suscitou a crítica dos profetas.

Mais tarde, em 587 a.C. também o território do sul foi conquistado. Jerusalém foi saqueada, seus habitantes mais importantes foram levados para o exílio na Babilônia e o templo destruído.

Pouco tempo depois, com a derrota da Babilônia, os habitantes do sul, que haviam sido exilados, voltaram com muita vontade de reconstruir a cidade e o templo.

Começou um período novo na história de Israel, mas a reconstrução aconteceu somente para o sul, para a cidade de Jerusalém e para o seu templo, onde estava a Lei e o único lugar onde se podia oferecer sacrifícios de adoração a Deus. Desse processo foram praticamente excluídos os habitantes do norte.

A mistura com outros povos, e certo sincretismo religioso nunca foram aceitos pelos habitantes do sul, que consideravam os habitantes do norte como impuros e estrangeiros.

Assim, com desprezo chamavam de "samaritanos" esses habitantes do norte, enquanto que "judeu" passou a ser quase sinônimo de "israelita", como se fossem eles os únicos descendentes de Abraão, Isaac e Jacó, a quem Deus mesmo havia chamado Israel. Por isso, "israelita" era sinônimo de membro do povo de Deus.

2. Quem eram os fariseus? Que é farisaísmo?

O nome fariseu, em grego φαρισαιος *(pharisaios)*, deriva de um adjetivo aramaico que significa: separado, segregado, dividido. Parece que eles receberam essa qualificação dos adversários, já que procuravam viver separados de tudo aquilo que consideravam "impuro". Mas entre eles mesmos se tratavam de *haberim*, que significa companheiros, ou se chamavam também *qedoshim*, que quer dizer santos.

Não conhecemos bem a origem desse grupo religioso. As indicações que temos dizem-nos que eles são os herdeiros de um grupo chamado "Asidei", que eram os defensores e promotores da Lei de Moisés, no tempo da resistência militar e política dos Irmãos Macabeus (por volta de 150 a.C.). Os "Asidei" eram partidários de um nacionalismo com fundamento religioso e rejeitavam toda e qualquer influência estrangeira.

O seu adversário, político e religioso, era o grupo dos saduceus, que estava no poder. Esses "Asidei" foram até perseguidos, mas quando no poder havia alguém que se simpatizava com as suas idéias, conseguiam exercer muita influência política e religiosa.

Quanto aos fariseus, fora do Novo Testamento, temos a opinião do histórico judeu Flávio José, que viveu no primeiro século. Ele descreve que os "fariseus", como austeros, corteses, benevolentes no julgar os outros, admitiam a liberdade dos homens e acreditavam na imortalidade da alma.

O fator mais característico desse grupo é que eles, além da Lei de Moisés, possuíam os seus próprios preceitos e normas, que se tornaram cada vez mais minuciosos e detalhados. Multiplicaram tanto os próprios preceitos, sempre com a intenção de melhor respeitar a Lei de Moisés, que chegaram a criar 248 preceitos negativos e 365 positivos, num total de 613.

Mas fazendo assim acabaram por perder de vista a unidade de fundo. Deram tanta importância às questões de cerimônias e ritos exteriores que chegaram a perder o verdadeiro sentido ético e religioso da Lei de Moisés.

Foi a este extremo formalismo e legalismo que Jesus fez duras críticas. Porque fazendo assim, acabaram por acreditar mais na própria capacidade de respeitar a Lei que no Deus que a havia dado através de Moisés. O fato de Jesus apresentar-se como um novo Moisés, e as duras críticas que ele fez a esse legalismo absurdo provocaram a inveja dos fariseus que se uniram a outros grupos com a finalidade de destruí-lo.

São Paulo, que foi um ótimo fariseu, criticou e refutou a hipocrisia daqueles que confiavam mais nas próprias forças que em Deus mesmo. O erro fundamental do farisaísmo é o de acreditar que uma fiel observância externa da Lei de Deus é capaz de procurar a justificação diante do Senhor. Isto é, segundo eles, para ser justo diante dele é necessário, e suficiente, respeitar a Lei. Jesus Cristo não entra nessa história.

Enquanto nós, os cristãos, acreditamos e confiamos no amor misericordioso de Deus, manifestado e atualizado por Jesus Cristo. Respeito pela Lei sim. Legalismo não! Deus nos amou e nos ama incondicionalmente, por isso também podemos amar a Deus e ao próximo, como Jesus nos ensinou e mostrou com a sua vida.

3. Quem eram os escribas, que faziam?

Em hebraico se diz *sofer,* cujo plural é *soferim,* já em grego se diz *gramateus* e está relacionado com números e letras.

Escriba, antes de tudo, significa uma pessoa que sabe ler e escrever. Naquele tempo a arte da escritura estava ainda no começo e saber ler e escrever era privilégio de poucos.

Em Israel, no tempo da monarquia, os escribas eram, sobretudo, os funcionários da corte do rei. Eles exerciam tarefas importantes e gozavam de poder e prestígio, como:

— Escrivão do rei (2Sm 8,17).

— Escrivão do comandante do exército, para recrutamento (2Rs 25,19).

— Cobrador de impostos (Is 33,18).

Até então o seu papel não tinha nenhuma conotação

religiosa. É muito provável, porém, que tenham sido justamente esses escribas da corte aqueles que começaram a recolher e a escrever o material que pouco a pouco foi formando a Sagrada Escritura do povo de Israel.

Mas foi depois do exílio de Babilônia, quando não havia mais a corte do rei, que os escribas começaram a ganhar uma importância religiosa. No tempo de Esdras e Neemias, encarregados da reconstrução da cidade e do templo, os escribas eram os que tomavam conta dos Livros Sagrados, que os copiavam e os explicavam para o povo nas sinagogas. Além disso, quando já não se falava mais o hebraico, a língua na qual estavam escritos os Livros Sagrados, eram os escribas que tinham a missão de ler, de traduzir e de explicar para o povo.

Gozavam de muita autoridade, muita fama, eram chamados "maestros", que em hebraico se diz *rabi,* título que o povo usava para Jesus (cf. Mc 10,17).

No tempo de Jesus a maioria dos escribas pertencia ao grupo dos fariseus, se bem que nem todos eram fariseus. Muitos faziam parte do Sinédrio.

Depois da destruição definitiva de Jerusalém, que aconteceu por obra dos romanos no ano 70 d.C., foram os escribas fariseus quem se encarregaram de conservar e manter viva a tradição do povo judeu.

Foram eles que anos mais tarde, por volta do segundo século d.C., colocaram por escrito a rica tradição oral do povo judeu, que assim se conservou até os nossos dias.

Preceito do sábado

1. Por que o preceito do sábado era importante para o povo da Bíblia? É como o nosso domingo?

Não se sabe bem a origem desta palavra, alguns acham que venha de *sheba,* que em hebreu quer dizer "sete". Mas não se conhece fora da Bíblia, até hoje, a divisão do tempo baseada num ciclo de sete, como neste caso. "Sábado" é a opinião mais comum, talvez venha do verbo hebraico *shabat,* que pode significar: cessar, deixar, terminar, descansar, folgar.

Numa época muito antiga esse era o dia dedicado ao descanso para quem trabalhava, seja homem ou animal (cf. Êx 23,10-12). Necessidade típica de uma sociedade dedicada à agricultura. Mas percorrendo a Bíblia podemos ver que houve certo progresso no modo de conceber, de pensar e de viver esse dia, que mais tarde se transformará também num dia dedicado ao culto.

Depois do Êxodo, à necessidade do descanso acrescentou-se uma motivação toda especial para os israelitas, isto é, a celebração da libertação da escravidão do Egito (Dt 15,12-18).

Mais tarde, durante o período do exílio babilônico, quando chegou o momento de fazer uma reflexão teológica sobre a origem do mundo, aí então se falou da criação, que foi apresentada como uma obra realizada por Deus em "seis dias", o mesmo número de dias que se dedicava ao trabalho no campo. O “sábado” passou então a ser o dia do descanso de Javé, depois da criação (Êx 20,8-11; Gn 2,1-2). Era o dia que Deus abençoou e santificou, isto é, reservou só para ele.

Essa reflexão teológica aconteceu durante o exílio, em que o povo de Deus não podia oferecer sacrifícios a Deus. Sendo assim a observância do sábado assumiu o lugar do culto oferecido no templo de Jerusalém. Era uma obrigação que se devia realizar para manter viva a aliança com Deus, na esperança de tempos melhores.

Depois do exílio babilônico, no tempo de um judaísmo conservador, criou-se em volta desse preceito sabático um grande número de casos particulares que chegava ao trágico-cômico, como por exemplo a proibição de comer o ovo que a galinha botou nesse dia!

Chegou-se até a pensar que não se podia nem mesmo fazer o bem ao próximo no dia de sábado. Foi nessa confusão que tentaram várias vezes colocar Jesus Cristo (cf. por ex. Mc 3,1-6; o homem da mão seca curado no sábado, na sinagoga, e planos para matar Jesus). Mas Jesus deixou claro: “O sábado foi feito para servir ao homem e não o homem para servir ao sábado” (Mc 2,27).

Como última coisa é preciso ter bem claro que no começo os cristãos, muitos dos quais eram também judeus, respeitavam o sábado por todos esses motivos que acabamos de ver, mas ao mesmo tempo celebravam também o primeiro dia da semana, porque era o dia da ressurreição do Senhor Jesus. Foi só com o imperador romano Constantino, no começo do terceiro século, que o primeiro dia da semana ganhou o estatuto de dia festivo. Mas para os cristãos era o “dia do Senhor”, em latim *dies dominicus,* daí vem o nosso “domingo”.

Portanto, o dia de domingo para os cristãos não é o mesmo que o sábado para os judeus, têm motivações diferentes, mesmo se na prática parecem iguais, com descanso, celebração, festa.

Inveja

1. Que nos diz a Bíblia sobre a inveja?

Assim lemos no livro da Sabedoria: "Sim, Deus criou o homem para ser incorruptível e o fez à imagem da sua própria natureza. Mas, pela inveja do diabo, entrou no mundo a morte, que é experimentada por aqueles que pertencem à ele" (2,23-24).

No Novo Testamento, São Paulo e São Tiago dizem que a inveja faz parte da natureza humana dividida entre o bem e o mal.

São Paulo escreve assim aos Romanos: "Os homens desprezaram o conhecimento de Deus; por isso Deus os abandonou ao sabor de uma mente incapaz de julgar. Desse modo, eles fazem o que não deveriam fazer; estão cheios de todo tipo de injustiça, perversidade, avidez e malícia, cheios de inveja, homicídio, rixas..." (Rm 1,28-29).

A inveja é caracterizada pela tristeza, ou até mesmo pela raiva que sentimos diante do sucesso do outro. O que pode chegar até ao ódio e à vontade de eliminar o outro. Na Bíblia são narrados alguns casos de inveja:

— 1Sm 18,9: Saul e Davi;
— Gn 37,4: José e seus irmãos;
— Gn 4,5: Caim e Abel.

A morte de Jesus foi causada também pela inveja dos seus adversários, assim lemos no evangelho de São Mateus:

“De fato, Pilatos bem sabia que eles haviam entregado Jesus por inveja” (Mt 27,18; Mc 15,10).

O mesmo aconteceu com os apóstolos, quando começaram a anunciar o Evangelho depois de Pentecostes. No livro dos Atos dos Apóstolos diz assim: “No sábado seguinte quase toda a cidade se reuniu para ouvir a Palavra de Deus. Quando os judeus viram aquela multidão, ficaram cheios de inveja e com blasfêmias se opunham ao que Paulo dizia” (At 13,44-45).

A inveja destrói a vida da pessoa e da comunidade; não vai de acordo com o amor incondicional que Jesus ensina.

Do Antigo Testamento aprendemos que se pode superar a inveja cultivando um coração sereno, agradecido e satisfeito, mas também é necessário ser prudente e evitar a ocasião (Pr 14,30; 23,6; Eclo 14,10; 31,14).

Do Novo Testamento sabemos que a inveja deve ser superada por meio da vida nova no Espírito, como nos diz São Paulo (Gl 5,22-24).

Mas é importante ficar sempre em alerta, pois a inveja bate na porta de todos e não é muito difícil cair na tentação de abrir a porta, é o que reza o Salmo 73 que começa assim:

> “De fato, Deus é bom para Israel,
> para os puros de coração.
> Mas por pouco meus pés não tropeçaram,
> um nada, e meus passos escorregavam,
> porque invejei os arrogantes,
> vendo a prosperidade dos injustos”. (Sl 73,1-2)

Pena de morte

1. Por que na Bíblia há pena de morte?

De fato no Antigo Testamento a pena de morte é prevista para certos casos. No livro do Êxodo (21,12-17) temos um resumo desses casos: homicídio premeditado, maltratamento físico ou desrespeito grave ao pai ou à mãe, e em outro lugar fala-se também do adultério.

Em uma sociedade na qual não havia estrutura para conter a criminalidade, a pena de morte é aplicada aos casos mais graves (não se fala na Bíblia de prisões, só na história de José, mas é a prisão do faraó, no Egito). Além disso, as leis previam a possibilidade de defesa para o réu, para que ele pudesse provar sua inocência; para isso existiam as cidades de refúgio (Dt 19,1-13; Js 20,1-9).

Mas a discussão sobre esse assunto é grande entre os especialistas e não podemos pretender uma resposta fácil para esse tema, que hoje voltou a ser de atualidade.

Fazendo a comparação com as leis existentes nos povos vizinhos, sobretudo no tempo do Antigo Testamento (conhecidas pelo trabalho dos arqueólogos), podemos dizer o seguinte:

— Na Bíblia não se aplica a pena de morte para casos de atentados contra a propriedade (por exemplo roubo), o que era previsto para os povos vizinhos.

— Somente a morte de um homem livre merecia a pena de morte segundo as leis dos povos vizinhos, na Bíblia até o assassinato de um escravo, por parte do patrão, era punido com a pena de morte.

— Para os povos vizinhos um réu condenado à pena de morte poderia trocar a pena se tivesse dinheiro para pagar a família do morto, na Bíblia isto não era aceito como norma, porque a vida não tem preço (a vida do morto).

Isso leva-nos a descobrir o que é mais importante, isto é, os valores fundamentais que eram defendidos por essas leis bíblicas. Esses valores são:

— Um respeito muito grande pela vida, que por ser dom de Deus era sagrada, o sangue derramado clama a Deus (Gn 4,10).

— Um grande respeito pela integridade da pessoa; é raro na Bíblia o caso de castigo com mutilação, o que era previsto pelas leis dos povos vizinhos.

— Um respeito grande pela estrutura familiar, baseada na autoridade dos pais.

Apesar de ter-se tornado sempre mais difícil aplicar a pena de morte, no tempo de Jesus ela ainda existia (como existe hoje em certos países "civilizados").

No quinto capítulo do evangelho de São Mateus, que conhecemos como o "Sermão da Montanha", que começa com as Bem-aventuranças, Jesus fala com toda autoridade: "Vocês ouviram o que foi dito... (refere-se à Lei de Moisés). Eu, porém, lhes digo..." (Mt 5,21.27.33.38).

Jesus afirma claramente que não veio para abolir a Lei e os Profetas (v. 17), mas para dar-lhes pleno cumprimento, isto é, para proclamar com força e evidência os valores fundamentais dados por Deus no Antigo Testamento, que devem ficar como base sólida na construção do novo que veio com Jesus.

A Lei do Pai que Jesus veio cumprir plenamente diz: "Não mate" (Êx 20,13).

O Novo Testamento não prevê nem justifica a aplicação da pena de morte, em nenhum caso.

Personagens bíblicos

1. Quem é Sansão?

Quando as doze tribos que formavam o povo de Deus entraram na Palestina, também chamada terra de Canaã, cada tribo ocupou um lugar, um território indicado por Josué.

Mas elas não haviam conquistado todo o território, de fato várias cidades-estados continuavam a existir, sobretudo os filisteus que dominavam a região costeira. Assim as tribos eram dispersas e circundadas por vizinhos hostis. Josué havia morrido e a conquista pelo controle total do país começava a parecer uma missão impossível. Deste modo, pouco a pouco, os israelitas perderam de vista o fato de que Deus combatia ao lado deles, como nos tempos de Josué. Começaram a fazer alianças, aceitar compromissos com os povos vizinhos para manter certa paz. Mas, sobretudo, esquecendo as leis de Deus, prestavam culto aos deuses dos vizinhos. Eram impressionados principalmente pelo culto a Baal com os seus rituais de propiciação para a fecundidade da terra.

Os inimigos, aproveitando dessa evidente fraqueza do povo de Deus, faziam guerras contra eles porque no fundo os israelitas eram considerados como invasores. O livro dos Juízes narra esse período da história do povo de Deus.

Diante do perigo eminente o povo invocava a Deus, como fez no Egito, e Deus, fiel e amoroso, suscitava um líder fiel e forte que guiava o povo nas batalhas das quais saíam sempre vencedores. Vários foram esses líderes, que eram chamados juízes; os mais famosos foram Débora (única mulher), Barac, Jedeão, Iefete e Sansão.

Sansão, em hebreu, diz-se *chimchom* e pode significar "filho do sol". Ele, que foi o último dos juízes, era da tribo de Dã, que estava ao sul e vizinha dos temíveis filisteus. A sua vida e as suas empresas estão narradas nos capítulos 13,14,15,16 do livro dos Juízes. O seu nascimento e a sua existência foram anunciados antes que ele nascesse. Tinha uma força muito grande atribuída ao voto que fez. É interessante a atribuição da sua força aos cabelos longos, que não deveriam ser cortados por causa de uma promessa feita, como o sol que manifesta a sua força com os seus raios, que são como uma longa cabeleira. Assim também acontece com Sansão. Ele liderou o povo de Deus durante quase vinte anos.

As aventuras sentimentais foram a causa do seu castigo e da sua morte. Para começar quis casar-se não com uma filha do seu povo, mas com uma filistéia. Mas quando chega para se casar, fica sabendo que a sua prometida foi dada como esposa a outro, então ele se vinga. Depois, lidera o seu povo em várias batalhas, todas vencidas graças à sua extraordinária força e também à sua astúcia.

Enganado por Dalila, que descobre o seu voto, cai prisioneiro dos seus inimigos. Assim também o povo de Deus corria o risco de ser derrotado, pois era graças a Sansão que vencia as batalhas.

Arrependido, pede a Deus para conceder-lhe novamente a força para demonstrar aos seus inimigos que Deus não havia abandonado o seu povo. Deus concede-lhe a força, diz-se por que os seus cabelos haviam crescido e, numa grande festa religiosa no templo de Dagon, deus filisteu, Sansão moveu as colunas que sustentavam o edifício do templo, que caiu matando a todos os presentes e também a si próprio.

Alguns exegetas católicos dizem que na história de Sansão temos um conjunto de empresas heróicas unidas pela fantasia popular, sob o nome de um único herói. De qualquer modo, é certo que nesses episódios existe um fundo de autenticidade. Realmente é muito possível que esses fatos tenham acontecido entre o século XII e o século XI antes de Cristo.

O autor das cartas aos Hebreus, um livro do Novo Testamento, diz que a atividade de Sansão contra os filisteus foi mais moral que material, porque graças a ela os israelitas sentiram-se animados contra os filisteus, os quais foram desde aquele momento, em que começam a luta contra os hebreus, o inimigo de sempre. De fato, Davi domina todo o território somente depois que consegue vencer os filisteus, ainda assim não consegue expulsá-los definitivamente das suas terras.

No livro de Judite, que viveu nesse período histórico, encontramos um episódio interessante. Um espião adversário foi espiar o povo de Israel porque queriam fazer guerra contra ele. Voltando referiu aos seus chefes contando o que viu e, depois de fazer um breve resumo da história do povo de Deus, conclui dizendo: "Agora, meu soberano senhor, se essa gente se desviou pecando contra o Deus deles, comprovemos esta falta e subamos para atacá-los. Contudo, se eles não tiverem pecado, é melhor que o meu senhor os deixe em paz. Caso contrário, o Senhor e o Deus deles vão protegê-los, e nós ficaremos envergonhados diante de todo o mundo" (Jt 5,20-21).

É este o ensinamento que nos quer deixar o autor do livro dos Juízes que reuniu e narrou as grandes empresas de Sansão: a sua fraqueza, o seu pecado, mas sobretudo a grande fidelidade de Deus, sol de justiça, que com seus raios ilumina e aquece toda a terra e cada ser vivente.

2. Por que se diz que Abraão é o "pai da fé"?

Porque Abraão é a primeira pessoa na Bíblia que se transforma, que dá um rumo diferente à sua vida, a partir do momento que se encontrou com Deus que o chamou (Gn 12,1ss.).

Para entender um pouco mais podemos ver os momentos fundamentais da fé, segundo a Bíblia.

Em um primeiro momento é necessário aceitar a Deus como Deus; parece um jogo de palavras mas não é, pois para as pessoas da Bíblia, como para os povos vizinhos, ter alguma coisa ou alguém como deus significava regular a própria vida pessoal, familiar e social conforme os desejos desse deus, dessa divindade.

Quando no livro do Êxodo lemos que Deus chamou Moisés, percebemos que ele logo se proclama Deus e diz para Moisés tirar as sandálias, pois estava num lugar sagrado, porque a divindade estava ali.

Vemos também que Deus realiza alguns sinais para demonstrar a Moisés o seu poder, isto é, que era realmente Deus.

Quando Moisés manifesta as suas dúvidas e diz que o povo não acreditaria, Deus revela-se com uma afirmação muito especial e solene, declarando: "Eu sou aquele que sou... Eu sou aquele que é... O Deus de Abraão, o Deus de Isaac, o Deus de Jacó" (Êx 3,14-15).

Diz a Bíblia "então Moisés cobriu o rosto, pois tinha medo (respeito, temor) de olhar para Deus" (Êx 3,6).

Uma vez que se aceita e se acredita que Deus é Deus, então é espontâneo e necessário aceitar e acreditar naquilo que ele diz, já que é palavra de Deus.

Este segundo momento é importante, pois está profundamente ligado ao primeiro, de um modo que não se pode separar, para as pessoas da Bíblia. Acreditar em Deus é acreditar na sua palavra, acreditar na sua palavra é acreditar em Deus.

Voltando a Abraão, depois que ele escutou as indicações e as promessas de Deus, lemos: "E Abraão partiu conforme lhe dissera o Senhor Deus (Javé)" (Gn 12,4).

Ter fé é caminhar pelos caminhos indicados por Deus, é esperar fielmente pela realização das suas promessas, foi o que fez Abraão.

No Novo Testamento Jesus manifestou-se não como um que somente proclama a palavra de Deus (como faziam os profetas). Como lemos no início do evangelho de São João,

Jesus Cristo é a Palavra de Deus, que veio morar conosco (cf. Jo 1,1-14).

Portanto para o cristão seguir a fé de Abraão é preciso aceitar a Jesus Cristo como Filho de Deus, como Palavra de Deus dirigida a nós, e viver conforme ele viveu.

Escrevendo aos Romanos, São Paulo diz: "Abraão é o nosso pai diante daquele no qual ele acreditou, o Deus que faz os mortos viverem e que chama à existência aquilo que não existe" (4,17b).

3. Quem foi e o que sabemos sobre o profeta Jeremias?

O nome em hebraico significa "Javé consola" (é discutível porém!).

Nasceu em Anatot (5 km de Jerusalém) por volta do ano 650 a.C., era filho do sacerdote Helcias. Conforme lemos no livro que leva o seu nome, foi chamado a ser profeta ainda muito jovem (1,4-7) e para seguir a sua vocação teve de renunciar ao casamento e à família (16,2).

Exerceu durante mais ou menos 40 anos a sua missão profética (626-586 a.C.), sempre preocupado em ajudar o seu povo a manter a fidelidade a Deus, num momento histórico muito complicado.

Tinha muitos inimigos entre o povo e entre a classe dirigente do país, pois na sua pregação, nos seus escritos e nas suas ações simbólicas ele procurava mostrar os erros cometidos, as infidelidades à Aliança com Deus, os pecados do povo e dos governantes que acabariam por provocar desgraças ao país.

Jeremias anunciava um próximo julgamento de Deus contra os povos inimigos de Israel, mas também Israel seria destruído e deportado se não se arrependesse dos seus pecados.

Ele também usa a imagem, criada pelos profeta Oséias, de Deus como "esposo" (ou noivo) do povo de Israel (2,2). A "esposa" (noiva) infiel é sempre exortada a se arrepender dos seus erros e experimentar o íntimo amor de Deus.

Mas Jeremias fala claramente que o pecado enraizado, como uma doença (13,23), na vida do povo não seria removido pelos atos de culto. Faz duras críticas contra o culto oficial realizado no templo de Jerusalém (6,20; 7,10ss.). Era necessária uma verdadeira conversão de vida, era necessário refazer, com um coração novo, uma nova Aliança com Deus (31,31).

Jeremias também criticava duramente os "profetas da corte", assim chamados porque viviam na corte do rei e "profetizavam" só aquilo que agradava ao rei, e deste modo davam ao povo uma falsa segurança (14,13; 23,17; 28).

Por tudo isso ele foi perseguido e preso muitas vezes (26,7), tentaram matá-lo várias vezes (11,21), foi torturado (20,2) e durante o assédio de Jerusalém o jogaram dentro de um poço de lodo para matá-lo (37,11; 38,13).

Como a situação não mudou as desgraças chegaram, a maioria da população produtiva foi exilada e uma parte fugiu para o Egito, para onde Jeremias foi levado e, segundo uma tradição extrabíblica, lá foi lapidado (morto a pedradas).

Desde um ponto de vista humano a sua vida foi um total falimento (25,3), se pensamos num resultado imediato.

Mas depois que aconteceram todos os fatos previstos pelo profeta e depois que os que sobraram voltaram do exílio babilônico, no período da reconstrução, a figura do profeta Jeremias ganhou muita importância para o seu povo, passou a ser muito estimada e as esperanças do povo estavam ligadas a sua memória.

Segundo Marcos 6,14 alguns pensavam que Jesus era o profeta Jeremias que havia voltado a viver.

4. O profeta Jonas realmente existiu? O que se conta no seu livro realmente aconteceu?

O nome "Jonas" em hebraico é *yönäh* e quer dizer "pomba" (a mesma palavra se usa na narração do dilúvio), mas é também um nome próprio como neste caso.

Em 2Rs 14,25 fala-se de um profeta chamado Jonas, que profetizou ao rei Jeroboão II o aumento do seu reino (784-744 a.C.). É a primeira e única vez que aparece esse nome para uma pessoa na Bíblia.

Os estudiosos estão quase todos de acordo que existe uma ligação entre este personagem e aquele do livro. Só que o livro não foi escrito pelo tal profeta, mesmo porque, segundo os estudos feitos, o livro que fala de Jonas foi escrito quase 400 anos depois da sua existência.

Podemos dizer, então, que realmente existiu um profeta chamado Jonas do qual, porém, pouco ou nada sabemos. E podemos dizer também que o livro que leva o seu nome foi escrito certamente se apoiando nas lembranças, nas recordações, que existiam sobre esse profeta.

O livro de Jonas é muito simpático e contém ensinamentos muito importantes.

À pergunta se os fatos narrados no livro (três dias na barriga do peixe, a conversão de uma inteira cidade pagã...) correspondem a fatos realmente acontecidos, não podemos responder com certeza.

Os estudiosos estão divididos sobre esse assunto.

Uns dizem que o livro tem uma finalidade didática, isto é, que deseja ensinar alguma coisa; portanto não pretendia narrar coisas que teriam realmente acontecido.

Outros dizem que, justamente porque se queria dar um ensinamento, era necessário que os fatos fossem reais. Responde-se dizendo que as parábolas eram para ensinar e que não foram constituídas de fatos reais!

Os dois grupos logicamente possuem argumentos para justificar o que estão dizendo. A opinião comum no momento é que atualmente não se pode chegar a uma conclusão certa.

Mas independente dessa discussão o livro de Jonas faz parte das Escrituras Sagradas e tem um ensinamento muito importante, vejamos resumidamente:

— o valor universal da penitência;

— a certeza de que a bondade e a providência divina

são para todos os povos e não só para os judeus (tendência ao fechamento no tempo que o livro foi escrito);

— a maravilhosa misericórdia de Deus que se comove diante daquela cidade que deu sinal de arrependimento, fazendo penitência (todos!);

— independência de Deus em relação aos seus ministros, que são apenas executores da sua vontade, neste caso o profeta;

— a mesquinhez egoísta do espírito humano representada na indignação de Jonas diante do perdão concedido aos ninivitas arrependidos.

É uma pena que a maioria das pessoas conhece por "ouviu dizer" a história de Jonas, mas nunca teve a curiosidade de ler diretamente o livro.

Por isso termino convidando você a ler esse livrete que é simpático, gostoso e curto! Leia antes o comentário que existe na sua Bíblia (para ajudar), e depois leia-o com atenção!

Tenho certeza de que a surpresa vai ser grande! Afinal trata-se da Palavra de Deus!

5. Por que tradicionalmente se atribui a São João evangelista o símbolo da águia?

A águia é a mais feroz das aves de rapina, voa muito alto, com grande majestade, vigia com muito ciúme e ferocidade o próprio ninho. Essa ave exercia uma influência muito grande sobre os antigos (não só sobre eles!). Era por exemplo o símbolo do império romano.

Na Bíblia, seja no AT como no NT, é citada com freqüência em imagens e comparações. Na Palestina existem quase todas as variedades de águias, inclusive a mais conhecida e famosa: a águia imperial.

Foi Santo Irineu quem no II século iniciou a tradição de relacionar os quatro animais que estão em volta do trono de Deus (cf. livro do Ap) com os quatro evangelistas, dando certa justificação.

Desse modo, ele atribuía o símbolo da águia a São Marcos, porque começava o seu evangelho falando do espírito dos profetas, que tinham visto Jesus de longe e falado dele.

Mas Santo Epifânio e São Jerônimo, ao contrário, atribuíram o símbolo da águia ao evangelista João porque, diz Jerônimo: "Ele faz um vôo no seio do Pai e no começo do seu evangelho fala da divindade de Jesus".

Como sabemos, tanto ou melhor que os antigos, a águia voa alto, tem uma vista muito aguda e vê com precisão a sua pequena presa, que corre veloz lá embaixo, e numa rápida descida captura o que desejava.

Lendo o quarto evangelho, tendo em mente essa imagem, podemos verificar que é verdadeira. E não só no prólogo, isto é, no começo, do evangelho temos essa sensação, quando João está falando da Palavra, que estava com Deus e que era Deus, que havia feito o mundo, as coisas lá de cima distante de nós, e de repente surge aquela frase, que resume dois capítulos do evangelho de Mateus: "E o Verbo (palavra) se fez carne e habitou entre nós. E contemplamos sua glória, glória do Filho único do Pai, cheio de amor e fidelidade" (Jo 1,14). Tão perto de nós. Ou por exemplo quando fala de um Jesus que sabe tudo, que conhece as intenções e os pensamentos dos seus adversários, e logo depois fala de Jesus que chora diante da morte do seu amigo Lázaro (Jo 11,35).

Um Jesus tão seguro e divino que com coragem e determinação vai ao encontro dos adversários que o buscam para condená-lo e matá-lo. Ao mesmo tempo, um Jesus tão humano que precisa dos amigos e se retira na casa de Marta e Maria, para saborear o clima de família e de amizade.

E assim acredito que ler o evangelho de João tendo em mente essa imagem da águia, sugerida por Santo Epifânio e São Jerônimo, ajuda-nos a colher melhor seja a altura celestial, seja o profundo sentimento humano que caracteriza este evangelho, que justamente por isso é diferente dos três antecedentes.

6. São Paulo é acusado de criticar sempre as mulheres. Suas cartas justificam realmente tal acusação?

Realmente se pegarmos algumas frases das cartas de Paulo, excluindo-as do assunto tratado na carta e as do próprio contexto cultural daquela época, a impressão é que ele não tem muita simpatia pelas mulheres.

Alguns exemplos: "Eu não permito que a mulher ensine ou domine o homem. Portanto, que ela conserve o silêncio" (1Tm 2,9). Outro: "Mulheres, sejam submissas aos seus maridos, pois assim convém às mulheres cristãs" (Cl 3,18; Ef 5,22).

Sem querer desculpar logo Paulo, é preciso lembrar que naquela época, seja na cultura hebraica, na oriental, na grega, na romana (falando somente dos povos vizinhos!), a situação da mulher e a sua posição no quadro social não eram muito diferentes. A mulher estava em função do homem, seja como esposa e mãe, seja como amante ou prostituta.

Mesmo que algumas mulheres tenham escrito o próprio nome na história como Cleópatra, Débora e Ester, a situação geral não mudou.

Quando lemos a Bíblia encontramos os maiores elogios às mulheres, mas também encontramos certas afirmações e apreciações que as feministas mais aguerridas gostariam de cancelar da Bíblia.

A tradição oral dos rabinos, jogando com o duplo sentido das palavras (como sabemos fazer muito bem nós brasileiros), dizia assim quando um homem se casava: "Será por *matza* ou por *motze*?" Estão jogando com o verbo *matza* (encontrar ou achar). A frase seria assim: "Será por *matza*", porque no livro dos Provérbios está escrito "quem encontra (acha) uma esposa é feliz", ou "será por *motze*", porque no livro do Eclesiástico está escrito "eu acho a mulher mais amarga que a morte".

Portanto Paulo, como qualquer ser humano, vivia no seu tempo e na sua cultura. Essas suas frases, que criam certa impressão, devem ser lidas dentro do próprio contexto cultural e conforme o argumento que Paulo estava tratando.

Mas por outro lado existiu no comportamento de Jesus, e também no comportamento do apóstolo Paulo, certas ações e certos ensinamentos que ainda hoje são atualíssimos e capazes de provocar uma verdadeira libertação das mulheres, se praticados.

Como Jesus, também Paulo contou com a ajuda das mulheres para cumprir a sua missão e os nomes dessas mulheres aparecem nas suas cartas: Cláudia (2Tm 4,21); Febe, diaconisa da igreja de Cencréia, Trifena e Trifosa (Rm 16,1.12); Lídia (At 16,40).

Contra o costume dos rabinos, que aceitavam que um marido deixasse a própria mulher depois do casamento até por um ano inteiro para estudar as Escrituras, e isto com ou sem o consenso da mulher, Paulo diz que se por algum motivo os dois tivessem de deixar, por um tempo, de viver como marido e mulher, isto deveria acontecer de comum acordo entre os dois e não só pela decisão do homem.

E quando fala de casamento, Paulo escreve o que ele nunca havia lido na Bíblia, nem nunca havia aprendido nas tradições dos rabinos: "Maridos, amem suas mulheres, como Cristo amou a Igreja e se entregou por ela..." (Ef 5,25). Amar como Jesus amou. Isto ensinou Paulo!!!

7. O que há de histórico no livro do profeta Jonas: o profeta, Nínive, Társis, o peixe? Qual a mensagem principal e a relação com Jesus?

Uma coisa interessante que quase não se sabe é que Jonas em hebraico quer dizer "pomba". Foi uma *yonah* que Noé fez sair da arca para verificar a situação depois do dilúvio. Foi a *yonah* que voltou com o ramo de oliveira no bico, sinal de que as águas estavam abaixando.

Quanto ao livro de Jonas podemos dizer que de fato existiu a cidade de Nínive. Era a capital do império assírio, desde o tempo de Senaquerib. Essa cidade ficou na consciência do povo de Israel como símbolo do imperialismo e da mais cruel agressividade contra o povo de Deus (Is 10,5-10; Sf 2,13-15). Nínive era para o povo de Israel símbolo dos opressores de todos os tempos.

Quanto ao profeta Jonas, podemos constatar através de 2Rs 14,25 que realmente existiu, na primeira metade do século VIII, um profeta chamado Jonas ben Amitay, isto é, filho de Amitay, do qual porém não se diz mais nada e do qual não sabemos nada. É para a grande Nínive opressora que Deus envia esse profeta. Lá ele deveria falar de conversão.

Saber isto é muito importante para entender a mensagem desse livro, que não é de um universalismo religioso, nem de uma consciência missionária, nem de abertura aos povos pagãos. De fato, no livro não diz que os ninivitas se converteram ao deus verdadeiro, nem que mudaram de religião, diz somente que se converteram "da má vida e das suas ações violentas" (3,8), e por isso Deus não os destruiu. É esta conduta opressora, violenta e injusta que deve ser mudada, que deve terminar (estamos assim na linha da pregação dos profetas sobre as injustiças sociais).

Mas esse livrete contém uma mensagem muito mais dura e difícil de aceitar! A mensagem é: Deus ama também os opressores. A mensagem é dirigida a dois grupos: aos opressores para que se convertam; e ao povo de Israel para que aceite o perdão de Deus. A primeira é óbvia, é fácil de aceitar, ao contrário, a segunda mensagem é nova, por isso o autor do livro insiste mais neste tema.

Podemos dizer então que Jonas representa o povo oprimido, que sofreu a exploração, a perseguição e o desterro. Um povo que estava habituando-se a esperar, com raiva, que Deus castigasse os seus inimigos. O autor do livro de Jonas afirma que isso não vai acontecer. Isso era a coisa mais dura que ele podia dizer e é por isso que o nosso Jonas foge para o "fim do mundo" (isto é o que significa "Társis", que não é identificável com nenhum lugar preciso), ou prefere até mesmo morrer antes a aceitar essa verdade.

É preciso também dizer que o autor inspirado do livro de Jonas acreditava, como outros profetas, que a culpa das opressões e das injustiças não era de responsabilidade de todo o povo, mas de seus governantes; sendo assim Deus havia de ter piedade da numerosa população de Nínive, que como diz no livro "não sabem distinguir entre esquerda e direita" (4,11).

É claro, então, que devemos ler esse livro como uma parábola (por ex., a parábola do Filho Pródigo), em que o autor usando os conhecimentos dos seus contemporâneos escreve uma história com a intenção de lançar uma mensagem, ou simplesmente para provocar a reflexão sobre determinado tema.

O referimento que Jesus fez a esse livro (Mt 12,38-24) foi justamente para provocar nos seus interlocutores a reflexão sobre o tema da conversão. Mas é toda a vida e a mensagem de Jesus que confirmam o que quis ensinar o autor inspirado desse simpático livrete do AT. É só ler o livro sobre Jonas e os evangelhos para verificar isso!

Javé

1. O nome de Deus é Javé ou Jeová, como dizem alguns?

Antes de tudo é preciso dizer que este assunto não é tão importante, como dizem alguns, e ainda mais existe a respeito desse tema um total acordo entre os estudiosos da Bíblia, sejam católicos como de outras Igrejas protestantes.

Depois é necessário lembrar que os hebreus, quando liam a Bíblia, não pronunciavam o nome de Deus, que hoje dizemos ser Javé. Era um sinal de grande respeito e com o passar do tempo foi proibido pronunciar o nome de Deus, só em raras ocasiões o sumo sacerdote pronunciava esse nome, no lugar mais íntimo do templo, isto é, no "Santo dos Santos".

Assim quando estavam lendo a Sagrada Escritura (AT) e chegavam no lugar que estava escrito o nome de Deus, não pronunciavam nem *Javé* nem *Jeová,* liam *adonai,* que quer dizer "meu senhor" ou simplesmente "senhor".

Quando pegamos uma Bíblia em português, em uma tradução mais antiga, não encontramos *Javé* mas "Senhor", porque não se traduzia o que estava escrito, mas como eram lidas pelos hebreus aquelas quatros letras, que simbolizavam o nome do Deus de Israel.

Mas então donde vem este nome "Jeová"?

É preciso saber que quando se escrevia em hebraico não se usava as vogais. Por exemplo, escrevia-se somente: c...s..., que podia significar: casa, coisa, caso, causa... Quem escrevia e lia, sabia bem pelo contexto o que fazia e não existia confusão (hoje no estado de Israel, cuja língua oficial é o hebraico, escreve-se assim).

Já no tempo de Jesus o hebraico não era mais falado pelo povo, mas a Escritura era escrita e lida em hebraico, como para nós as leituras da Bíblia eram feitas em latim, antes do Concílio Vaticano II.

Com o passar do tempo só os escribas sabiam ler e entender direito o que estava escrito, assim se corria o risco de esquecer como se devia ler. Foi por isso que os responsáveis pela conservação da Sagrada Escritura inventaram um sistema para colocar as vogais no texto, para recordar bem como as palavras deveriam ser lidas e entendidas. Mas como não se podia absolutamente mexer nas consoantes, pois era um texto sagrado, prevaleceu um sistema de pontinhos e tracinhos colocados debaixo das consoantes do texto. Desse modo quem lia e lê a Bíblia em hebraico pode ler e entender corretamente o que está escrito.

Quanto ao nome de Deus alguns copistas (era um trabalho todo feito à mão) colocaram debaixo das quatro consoantes, que simbolizavam o nome de Deus, as vogais da palavra hebraica *adonai,* para lembrar que se deveria pronunciar, em voz alta, *adonai,* isto é, Senhor.

É por isso que alguns achavam que se devia ler as quatro consoantes hebraicas junto com essas vogais da palavra *adonai,* o que em português, como em outras línguas, dá: Jeová. O que não estava, absolutamente, na intenção daqueles que inventaram esse sistema de vogais para conservar o sentido do texto hebraico antigo. Portanto, se quisermos traduzir o nome de Deus desde o hebraico para o português a forma correta é "Javé", que em hebraico pode significar "ele é" (cf. Êx 3,14).

Cruz

1. Que era a cruz e por que a morte de Jesus foi na cruz?

A cruz era um instrumento com o qual se executava a pena de morte. Era usada já pelos persas *(krugga)* e depois pelos gregos, daí o nome que encontramos no NT *staurós* (pau, bastão) e o verbo *staurôo* (crucificar).

No começo era somente um pau fincado no chão, ao qual o condenado era fixado com pregos ou amarrado com cordas. Poderia ser também um pau pontiagudo colocado debaixo do condenado, entre as suas pernas, ou apoiado no peito dele, assim quando ele se abaixava ou caía, o pau entrava em seu corpo.

Geralmente esse pau era baixo por dois motivos: para facilitar o trabalho dos soldados e para que os animais selvagens conseguissem comer o corpo do condenado. Quando alto, era para maior humilhação do condenado e para que servisse de exemplo.

Os romanos não só copiaram esse instrumento de tortura, mas também o modificaram. A modificação foi feita ajuntando o pau transversal, chamado patíbulo. Então o condenado era amarrado a esse pau e devia carregá-lo sobre as costas até o lugar onde estava o pau fincado no chão, aí era levantado em forma de cruz. Poderia ser fixado com pregos ou amarrado com cordas.

Por que Jesus morreu na cruz? Bem, sem entrar nas

questões teológicas, podemos dizer que esse fato depende do momento histórico no qual Jesus viveu.

Sabemos que desde o ano 63 a.C. a Palestina passou a ser uma província romana. Os romanos respeitavam muito as tradições culturais e religiosas dos povos conquistados. Mas depois de algumas rebeliões contra o poder romano e as rivalidades internas entre os vários grupos, as coisas mudaram um pouco. E um dos poderes que foi retirado às autoridades judaicas foi o poder de executar a pena capital, isto é, eles poderiam condenar uma pessoa à morte, mas não poderiam executar a sentença sem autorização do governador romano responsável pela Palestina (Jo 18,31).

Assim as autoridades do povo, reunidas no Sinédrio, uma espécie de tribunal de justiça, já haviam decidido que Jesus deveria ser condenado à morte por blasfêmia (Mt 27,1; Mc 15,1; Lc 22,66; Jo 18,28). Portanto, se dependesse deles, segundo suas leis, Jesus deveria ser lapidado. Levava-se a pessoa para fora da cidade, perto de algum precipício, empurravam o condenado lá embaixo e depois jogavam-lhe pedras até matá-lo. Desse jeito não sujavam as mãos de sangue e estavam aptos para oferecer os sacrifícios!

Levando Jesus para Pilatos, queriam que ele também o condenasse à morte.

E, segundo os evangelhos, Pilatos não achou nenhum motivo pelo qual Jesus deveria ser condenado à morte pelas leis romanas. Mas no fim cedeu à pressão da multidão que, instigada pelos membros do Sinédrio, pedia a cruz para Jesus. E na escolha oferecida por Pilatos, preferiram liberar a Barrabás. Assim traído e condenado pelas autoridades do seu povo, traído e rejeitado pelo seu próprio povo, Jesus sofreu o castigo e a pena de morte, segundo o costume que os romanos haviam herdado dos persas através dos gregos, isto é, a crucificação. A crucificação era uma morte reservada aos escravos, aos desertores, aos ladrões e àqueles que haviam perdido todo direito jurídico.

Rejeitado pela sua gente, Jesus sofreu como o pior dos condenados!

Ressurreição de Jesus

1. Que significa dizer que Jesus ressuscitou?

Antes de tudo, é importante saber que quando no NT se fala da ressurreição de Jesus, usa-se o verbo grego *anístemi* (*ana,* prep. alçar, levantar + *ístemi,* verbo colocar, pôr, estabelecer), que significa levantar e colocar em pé, fazer uma pessoa ficar em pé!

Por isso diz-se "ressuscitar dos mortos" (da morte) justamente porque quem é morto está deitado e não pode levantar-se. Assim muitas vezes esse verbo é usado na sua forma passiva, isto é, diz-se que Jesus foi ressuscitado por Deus, foi levantado por Deus dentre os mortos e colocado novamente em pé.

Portanto é preciso dizer que a ressurreição de Jesus segundo o NT não é a reanimação de um morto, como aconteceu com a filha de Jairo ou com Lázaro (falamos que Jesus ressuscitou Lázaro, mas Lázaro e a filha de Jairo morreram depois, outra vez). Não foi isso o que aconteceu com Jesus, isto é, ele não voltou a viver como nós vivemos.

O que foi que aconteceu realmente com Jesus não podemos explicar, pois está fora do nosso alcance, só saberemos quando acontecer o mesmo conosco, conforme acreditamos.

Sendo assim, não é possível demonstrar material e historicamente que Jesus ressuscitou.

Os evangelhos insistem no fato que, depois da morte,

Jesus foi sepultado, isto é, morreu mesmo. Ele não saiu voando magicamente da cruz como sugeriam os seus adversários, os quais diziam: "Assim acreditaremos em você!".

Depois os evangelhos falam que o sepulcro foi encontrado vazio! Mas isto tampouco é uma prova definitiva da ressurreição, pois ninguém viu o que realmente aconteceu!

Os evangelhos falam das várias aparições de Jesus, em modos e lugares diferentes. Mas nem mesmo essas aparições provam definitiva e matematicamente a ressurreição de Jesus. Quem viu pode acreditar e quem não viu, no final, deve acreditar na palavra de quem viu. O famoso episódio de Tomé termina justamente com aquela importante bem-aventurança que Jesus mesmo disse: "Você acreditou porque viu. Felizes os que acreditam mesmo não tendo visto!" (Jo 20,29). É necessária a fé, e para poder crer é necessário aceitar o testemunho de quem viu e tocou; é por isso que dizemos que a nossa fé está fundada sobre a fé dos apóstolos.

Assim lemos na primeira carta de São João: "o que ouvimos, o que vimos com nossos olhos, o que contemplamos e o que nossas mãos apalparam: falamos da Palavra, que é a Vida... nós agora o anunciamos a vocês, para que vocês estejam em comunhão conosco... Essas coisas escrevemos para vocês a fim de que a nossa alegria seja completa" (1Jo 1,1-4).

É na comunhão eclesial que nasce e cresce a fé no Cristo ressuscitado! Fora dessa comunhão é impossível acreditar na ressurreição, que é de fundamental importância para a fé cristã. São Paulo diz claramente: "Se Cristo não ressuscitou, a nossa pregação é vazia e também vazia é a fé que vocês têm" (1Cor 15,14).

Mas sabemos que Cristo ressuscitou, portanto proclamemos com a liturgia: Aleluia! Aleluia! Cristo ressuscitou! Aleluia!

Novo Testamento

1. É verdade que está escrito no livro do Apocalipse que se salvarão somente 144 mil?

De fato lemos assim no livro do Apocalipse: "Depois disso tive uma visão: o Cordeiro estava de pé sobre o monte Sião. Com ele os cento e quarenta e quatro mil, que traziam a fronte marcada com o nome dele e o nome do seu Pai" (Ap 14,1-2).

Para entender o que está escrito, é preciso saber que o livro do Apocalipse se utiliza de um gênero literário todo especial, que se chama apocalíptico.

Se, por exemplo, escutamos uma história que começa assim: "Era uma vez, num lugar...", sabemos logo que se trata de uma fábula; nela os animais falam e acontecem coisas fabulosas que ninguém pensará que sejam verdade, mas no fundo a fábula comunica uma mensagem.

A poesia é outro exemplo de gênero literário. Nenhum jornalista para comunicar uma notícia escreve uma poesia, ele escreve um artigo de jornal, que é outro exemplo de gênero literário.

Do mesmo modo o autor do livro do Apocalipse comunicou a sua mensagem num gênero literário que, segundo ele, se adaptava melhor ao que tinha de dizer, ao que tinha de comunicar.

O gênero literário chamado apocalíptico caracteriza-se justamente pelo uso de uma linguagem muito simbólica. Usa-se por exemplo as cores, os animais, os astros do céu, algumas figuras da mitologia, os personagens históricos e também se usa muito os números, os mais comuns são 3, 3+, 7, 10, 12 e 1.000, como lemos.

O que pode, então, significar cento e quarenta e quatro mil?

Não é difícil! É só saber o que simboliza os números e fazer as contas. Vamos ver:

O número 12 lembra logo as doze tribos de Israel, o povo de Deus no AT, do mesmo modo doze também nos faz pensar nos doze apóstolos, fundamento do novo povo de Deus; e mil é um número usado para dizer uma quantia incontável, é quase sinônimo de infinito.

Agora vamos fazer as contas: 12x12 = 144; 144x1.000 = 144.000.

Por isso esse número é totalmente o contrário de um número fechado e definitivo. A salvação é oferecida a todos e o número dos que aceitaram e aceitarão o convite de Deus, feito no AT e repetido no NT, é incontável para qualquer pessoa humana. No começo do capítulo 19 o autor fala de uma grande multidão no céu. Quantas pessoas fazem uma multidão?

(Para maiores informações podem ler: "Esperança de um povo que luta, o Apocalipse de São João". Carlos Mesters, Ed. Paulinas, 1986.)

2. Que é o Apocalipse?

É um dos livros do Novo Testamento! O último livro da nossa Bíblia!

É uma palavra grega fruto da união de uma preposição *apo* (de, desde) com o verbo *kalupto* (cobrir com um véu, ocultar, esconder), daí nasce o verbo grego *apokalupto,* que significa tirar a cobertura, tirar o véu, revelar, manifestar o que está oculto; parente desse verbo é a palavra *apokalupsis,* que significa: revelação, manifestação.

Podemos dizer que o livro do Apocalipse é o livro da revelação! Mas revelação de quê? O que é que está coberto, escondido, oculto, e que precisa ser manifestado?

Vamos partir do nosso tempo! Fala-se hoje em dia que estamos vivendo o tempo de uma mudança epocal! Isto quer dizer que se espera grandes mudanças para um futuro próximo a nós, mas que ninguém é capaz de prever quais são e o que realmente vai acontecer!

Neste clima de expectativa, de espera, alguns chegam a prever que a nossa história está chegando ao fim! O mundo vai mudar, dizem, e vai ser uma mudança radical, total, definitiva! O mundo vai acabar, dizem e até marcam a data para tal acontecimento. Será o fim, diz-se, mas ao mesmo tempo o começo de um mundo totalmente diferente e novo!

Como será esse mundo novo? Como acontecerá o fim deste mundo atual? Que vai acontecer com as pessoas, com as coisas, com a criação? Como é que Deus entra nesta história? Que relação existe entre este nosso mundo e o que vem depois?

Todas essas perguntas e outras aparecem naqueles momentos históricos nos quais os acontecimentos assumem uma dimensão tão profunda que acabam por modificar radical e definitivamente os rumos da história. São perguntas que mexem também com a própria fé, que não poderia ficar indiferente!

Pois bem, o tempo no qual nasceu Jesus era um tempo desses! E sobretudo para o povo de Deus (os hebreus) era um momento muito difícil. Aconteciam muitas coisas novas. Eles deveriam enfrentar muitos desafios para viver a própria fé em "Javé", de quem esperavam uma libertação definitiva dos inimigos, uma salvação extraordinária! Sabiam que aconteceria uma mudança radical, e alguns esperavam que fossem o fim da história com a vitória definitiva de Israel sobre todos os inimigos, e que Javé governaria todo o mundo desde a cidade de Jerusalém!

Foi neste clima que apareceram vários escritos que pretendiam revelar o que estava por acontecer! Normalmente se apoiavam nas revelações concedidas por Deus, Senhor da história, a um personagem muito conhecido (Henoc, Abraão, Esdras, Daniel), mas não mais existente.

Surgiram assim vários livros que foram chamados com o nome do conteúdo, isto é, "revelação"! Esses livros teriam a pretensão de ser considerados como Escritura Sagrada!

Mas de fato pouquíssimos desses escritos "apocalípticos" entraram na nossa Bíblia.

No AT temos o livro de Daniel, que é mais ou menos desse gênero.

No NT temos o Apocalipse de João (muito provavelmente o autor não é o mesmo do quarto evangelho).

Esse livro é um pouco difícil de ser compreendido, pois usa uma linguagem simbólica, como em toda a literatura apocalíptica, que precisa de algumas explicações prévias, caso contrário se comete muitas aberrações na explicação e na interpretação! É provar para crer!

3. Que são os Atos dos Apóstolos?

É um livro do Novo Testamento (80-85 d.C.). É a continuação do evangelho de Lucas, e foi escrito pelo mesmo Lucas, assim lemos no começo do livro (em grego *prasis* = prática).

"No meu primeiro livro, ó Teófilo (amante de Deus), já tratei de tudo o que Jesus começou a fazer e ensinar, desde o princípio até o dia em que foi levado para o céu. Antes disso, ele deu instruções aos apóstolos que escolhera, movido pelo Espírito Santo" (At 1,1).

Portanto nesse livro se narra como foi que as primeiras comunidades cristãs, dirigidas pelos apóstolos e guiadas e fortalecidas pelo Espírito Santo, anunciaram tudo aquilo que Jesus fez e disse.

Esta ação evangelizadora começa em Jerusalém logo depois da Páscoa e espalha-se sobretudo verso o ocidente e chega até Roma, a famosa capital do império romano.

Ainda que seja chamado “Atos dos Apóstolos” (o título é um pouco enganador!), é Paulo quem está no centro da narração, é ele junto com Pedro, na primeira parte, o protagonista principal desse livro. Isso porque Lucas muito provavelmente conheceu o Evangelho através de Paulo, já que foi também seu companheiro em algumas das suas viagens missionárias (três).

Se bem sabemos pouco do que fizeram os outros apóstolos podemos imaginar que não foi muito diferente daquilo que Paulo fez, isto é, anunciar de todos os modos e a todos o Evangelho, a Boa Notícia que é Jesus, e ensinar a viver como ele viveu!

Certamente Lucas, para escrever o seu livro, utilizou alguns escritos que já existiam, por exemplo, o elenco das etapas das viagens de Paulo, breves notícias sobre o resultado das missões, escritas pelos acompanhantes de Paulo.

Lucas não fala das cartas de Paulo, mas o que está escrito nos Atos não discorda do que encontramos nas várias cartas paulinas.

O importante é que nos Atos dos Apóstolos encontramos, mesmo se resumidamente, o modo como viviam as primeiras comunidades, pelo menos o ideal que tinham, e também encontramos o modo como inicialmente eles anunciavam o Evangelho, quais eram as coisas mais importantes que falavam para provocar a fé em Jesus Cristo, que tecnicamente se chama o *Kerigma* (palavra grega que quer dizer: mensagem, proclamação, conteúdo).

Encontramos também como foi a primeira reação diante deste anúncio, quem aceitava, quem rejeitava. Os problemas internos das comunidades, os conflitos criados na sociedade pelo anúncio do Evangelho e as possíveis soluções!

Um fato importante narrado é o assim chamado Primeiro Concílio de Jerusalém, isto é, aquele encontro entre os apóstolos mais importantes e Paulo para resolver as questões surgidas com a conversão de muitos pagãos. Deveriam ou não serem antes judeus para depois serem cristãos? A resposta que sabemos foi não!

O livro termina de modo positivo e com otimismo para o futuro: "Pregando o reino de Deus com toda a coragem e sem obstáculos, ele (Paulo) ensinava as coisas que se referiam ao Senhor Jesus Cristo" (At 28,31). Modelo para as nossas comunidades!

4. O processo que terminou com a morte de Jesus começou com a "traição" de Judas, mas o que dizem os evangelhos sobre isso?

Lendo com atenção os evangelhos, podemos ver que Judas não foi o único que "traiu" Jesus, mas também as autoridades do povo (Sinédrio) e Pilatos o "traíram". A traição de Judas foi o "pontapé" inicial daquele terrível jogo de "traições", que terminou com a morte na cruz de Jesus. Isto fica claro para quem lê os evangelhos em grego.

Mas mesmo lendo em português e seguindo com atenção os fatos narrados pelos evangelistas, pode-se perceber as várias traições!

Em Mt 20,18-19 lemos: "o Filho do homem vai ser 'entregue' aos chefes dos sacerdotes e aos doutores da Lei. Eles o condenarão à morte e o 'entregarão' aos pagãos para zombarem dele, flagelá-lo e crucificá-lo" (cf. Mc 10,32-34; Lc 18,31-32).

Pois bem, o verbo que aqui foi traduzido por "entregar" é o verbo grego *paradidonai.* Em grego esse verbo pode significar simplesmente dar em mãos, transmitir, entregar (em alguns casos pode significar "entregar com perfídia, com maldade"). Na narração da Paixão, quando esse verbo é usado para falar da ação de Judas, traduz-se pelo verbo "trair" e fala-se da "traição" de Judas (Mt 26,14-16; Mc 14,10-11; Lc 22,1-6).

Um pouco mais adiante lemos: "De manhã cedo, todos os chefes dos sacerdotes e os anciãos do povo convocaram um conselho contra Jesus, para o condenarem à morte. Eles o amarraram e o levaram e o 'entregaram' a Pilatos, o governador" (Mt 27,1-2; Mc 15,1; Jo 28,). Para esta ação das autoridades do povo usa-se o mesmo verbo grego *paradidonai,* traduzido por "entregar", neste caso!

Continuando mais adiante, no final deste "processo" lemos: "Então Pilatos soltou Barrabás, mandou flagelar Jesus e o 'entregou' para ser crucificado" (Mt 27,26; Mc 15,15; Lc 23,25; Jo 19,16). Também aqui para falar dessa ação de Pilatos todos os quatros evangelistas usam o mesmo verbo grego *paradidonai,* que é traduzido simplesmente pelo verbo "entregar", como vimos!

Então todos "entregaram" Jesus! Todos fizeram a mesma coisa! O verbo grego é sempre o mesmo! Mas será que só a ação de Judas é diferente e deve ser considerada como "traição"?

E se dizemos que Judas "traiu" Jesus porque o entregou com perfídia, com maldade, sendo ele do mesmo grupo de Jesus, também agiram com maldade e engano as autoridades do povo, reunidas no Sinédrio. Jesus era um membro do povo e eles o "entregaram" ao poder dos dominadores estrangeiros; isto depois de Judas ter confessado sua culpa, proclamando diante deles a inocência de Jesus. E eles disseram: "E o que temos nós com isso? O problema é seu!" (Mt 27,4). Grandíssima mentira! Tinham tudo a ver, pois se tratava de uma auto-acusação muito séria. Como administradores da justiça para todos os membros do povo, eles teriam de tomar em consideração a confissão de Judas! Mas não fizeram assim, ao contrário "entregaram" Jesus; também aqui se poderia traduzir muito bem "traíram" Jesus!

Também Pilatos constatou de fato que Jesus era inocente (João mostra isso claramente!), mas no fim não agiu como justo administrador e "entregou" Jesus para ser crucificado! Também Pilatos agiu com engano e maldade, ele também "traiu" Jesus!

O beijo de Judas não é o único modo de traição. Quando não se respeita as próprias leis, quando não se aplica a justiça igual para todos, quando não se defende o direito dos inocentes, comete-se um ato de traição. É sempre um "entregar" com engano e maldade!

5. Por que o Novo Testamento foi escrito em grego e não em hebraico como o Antigo?

Antes de falar das motivações históricas é bom lembrar da importância e do significado de certas afirmações de fé que conhecemos. Assim dizemos que Deus se encarnou na nossa história e que Jesus é o ponto máximo dessa encarnação, e que ele viveu tudo como nós, diz a carta aos Hebreus, menos no pecado! (Hb 4,15).

Afirmamos também que para nós, os cristãos, não existe uma língua sagrada, isto é, uma língua com a qual, e somente com a qual, foram escritos os livros sagrados, uma língua com a qual, e somente com a qual, se pode rezar a Deus. Não existe para nós nenhuma língua sagrada (nem mesmo o latim!).

Santo e sagrado é Deus, sagrado é o povo de Deus, que é formado por gente de todos os povos, línguas e nações (Ap 13,7; 14,6).

Pois bem, sendo assim é fácil compreender que o Antigo Testamento foi escrito em hebraico, porque era aquela a língua falada naquele tempo pelo povo de Deus e também pelos seus vizinhos.

Mas a história é dinâmica e muda! Por isso quando os persas venceram os babilônios na metade do quinto século a.C., eles impuseram o aramaico como língua a todos os povos conquistados (veja por exemplo o espanhol e o português!). Então o povo começou a falar aramaico, esta foi a língua de Jesus.

Mas quando no terceiro século a.C. Alexandre, o grande, que era grego, venceu os persas e conquistou os povos dominados pelos persas, começou a difusão da língua grega, que era usada como língua oficial e também cultural. (Como atualmente acontece com o inglês, língua comercial.)

Mais tarde os romanos difundiram o latim. Mas o grego, ou melhor, um dos dialetos gregos mais famosos, era no tempo de Jesus e das primeiras comunidades, quando foi escrito o NT, a língua mais difundida, a mais conhecida pelos vários povos daquela região. Era lógico então que os evangelhos fossem escritos e difundidos em grego, e que Paulo escrevesse as suas cartas em grego.

Além disso tem outro fator muito importante. Já por volta do ano 200 a.C. os hebreus que viviam no Egito, na cidade de Alexandria, situada no estuário do famoso rio Nilo, sentiram a necessidade de traduzir a Bíblia deles (AT) para o grego, pois muitos não conheciam mais o hebraico tão bem para ler as escrituras. Assim duzentos anos antes de Cristo já existiam os livros sagrados traduzidos em grego, e foi justamente esses livros que os autores do NT usaram como base para escrever os seus escritos. Mesmo que eles, sem dúvida nenhuma, também conhecessem, e bem, as escrituras nos originais escritos em hebraico.

Mas justamente como não existe uma língua sagrada eles usaram a língua que era comum naquele tempo: o grego.

6. De onde vêm as quatro figuras: leão, homem, águia e touro, que são símbolos dos evangelhos?

Essas quatro figuras aparecem juntas pela primeira vez na Bíblia no livro do profeta Ezequiel, em uma das suas visões (1,10).

A segunda vez é no livro do Apocalipse, no capítulo quatro, quando João, o autor do livro, está relatando a visão do trono, símbolo do poder de Deus que governa a história. Ao redor do trono estão esses quatro seres vivos, "cheios de olhos pela frente e por detrás. O primeiro ser vivo parece um leão, o segundo um touro, o terceiro tem o rosto de homem e o quarto parece uma águia em pleno vôo" (Ap 4,6-7).

Os muitos olhos simbolizam que Deus vê e conhece tudo e de tudo cuida com muita atenção. Os quatro seres vivos são como servidores de Deus no governo da criação e, com as sua formas, representam o que de mais nobre (leão), forte (touro), sábio (homem) e ágil (águia) existe na criação, segundo aquela cultura.

Isto é, em poucas palavras, o que encontramos na Bíblia, o que não tem nada a ver com os autores dos evangelhos.

A relação dessas quatro figuras com os escritores dos evangelhos aparece pela primeira vez nos escritos de Santo Irineu (II séc.). Mas no começo dessa tradição, não foi sempre igual o relacionamento de uma figura com um determinado evangelista, por exemplo: Irineu relacionava São João com o leão e São Marcos com a águia.

Mas foi São Jerônimo (IV séc.), seguindo a tradição recebida de Santo Ambrósio, quem fixou de um modo definitivo as relações que se tornaram comum a todos.

Essa atribuição das figuras está baseada no início de cada evangelho assim: a figura do homem vai para São Mateus, que começa o seu evangelho com a genealogia humana de Jesus; a figura do leão vai para São Marcos, que começa falando da pregação de João Batista no deserto; o touro fica com São Lucas, porque começa falando do sacrifício do sacerdote Zacarias e porque fala da salvação usando a imagem do "chifre" (símbolo de força); e finalmente a figura da águia é atribuída a São João, porque, como diz São Jerônimo, ele faz um vôo no seio do Pai e fala no começo do seu evangelho da divindade da Palavra, isto é, de Jesus.

As figuras atribuídas desse modo aos quatro autores dos evangelhos tiveram muita influência para a arte cristã. Quando os artistas deviam representar os evangelhos nas suas obras, sobretudo nas pinturas, usavam e usam essas figuras simbólicas.

7. Que quer dizer evangelhos sinópticos?

Qualquer um que lê, com um pouco de atenção, os quatro evangelhos vai perceber que existe certa afinidade entre os evangelhos de Mateus, Marcos e Lucas, enquanto que o evangelho de João é diferente.

Desde os primeiros séculos, os estudiosos da Bíblia

analisam as semelhanças e as diferenças existentes entre esses três evangelhos.

Uma das técnicas neste estudo é colocar paralelamente em um mesmo plano de visão os textos semelhantes dos três evangelhos para fazer a comparação.

Pois bem, a palavra sinópticos vem do grego e quer dizer justamente: visão simultânea (*syn* = junto + *optico* = visão), portanto, os três evangelhos que se prestavam a esse tipo de estudo comparativo ganharam esse nome.

Para explicar o porquê dessas semelhanças, por exemplo quase 90% do que lemos em Marcos também é presente no evangelho de Mateus, os estudiosos falam que os três evangelistas se serviram de pelos menos duas fontes. Uma dessas fontes era um escrito que narrava somente as ações de Jesus. Parece que esta foi a fonte principal de Marcos, realmente no seu evangelho quase não existem discursos de Jesus.

Mas é muito provável que existisse também um outro escrito que tivesse como conteúdo, sobretudo, as palavras de Jesus, os ensinamentos orais de Jesus.

Daí então podemos pensar que quando Mateus escreveu o seu evangelho, ele conhecia o evangelho de Marcos e esse outro escrito das palavras de Jesus. A mesma coisa aconteceu com Lucas, que conhecia o escrito de Marcos e também esse outro material.

Assim cada evangelista tendo como base esses escritos comuns e acrescentando o que eles mesmos sabiam (Mateus viveu com Jesus; Lucas fez as suas pesquisas pessoais; cf. introdução 1,1ss.), escreveram para responder às necessidades das suas respectivas comunidades.

A importância desse estudo comparativo é de conhecer sempre melhor a intenção de cada evangelista quando se dispôs a colocar por escrito o único evangelho, isto é, o bom anúncio de Jesus Cristo.

Tudo isto é muito importante, digamos fundamental, pois os evangelhos escritos são para nós um meio indispensável para chegar até Jesus, para conhecer o que ele fez e ensinou.

8. Como se explica esta questão de que no NT se fale dos irmãos e das irmãs de Jesus?

Realmente no evangelho de Marcos e de Mateus, quando se fala da visita que Jesus faz à sua cidade natal, Nazaré, diz-se que as pessoas do lugar, maravilhadas por aquilo que escutavam, perguntavam-se: "De onde vem tudo isso? Onde foi que arranjou tanta sabedoria? E esses milagres que são realizados pelas suas mãos? Esse homem não é o carpinteiro, filho de Maria e irmão de Tiago, de José, de Judas e de Simão? E suas irmãs não moram aqui conosco?" (Mc 6,2b-3; cf. Mt 13,54-58).

Segundo os protestantes aqui se fala de irmãos e irmãs no sentido físico, como entendemos hoje, isto é, filhos e filhas dos mesmos pais ou, pelo menos, só por parte de pai ou só por parte de mãe.

Para nós católicos trata-se de primos e primas.

Como podemos justificar esta interpretação se a palavra que aparece em grego é mesmo *adelphós* (irmão) e *adelphê* (irmã)?

Antes de tudo dizendo que nem em hebraico, aramaico ou grego existe uma palavra para exprimir "primo" e "prima", e é evidente que existiam os primos e as primas! E tinham de ser chamados de algum modo!

A outra prova vem da muito conhecida cena das mulheres ao pé da cruz.

A narração mais conhecida é aquela de João, que fala de Jesus que entrega Maria, sua mãe, como mãe de todos os discípulos, representados por João.

Pois bem, nesse episódio fala-se de outras mulheres que acompanhavam a mãe de Jesus.

São João diz que com Maria estava a sua irmã, Maria de Mágdala e Maria esposa de Cleofás.

São Mateus fala de Maria de Mágdala e de Maria, mãe de Tiago e José, e a mãe dos filhos de Zebedeu.

São Marcos fala de Maria Madalena, Maria, mãe de Tiago e José, e Salomé.

Dois nomes que aparecem aqui (Tiago e José) aparecem também no episódio de Nazaré. Além disso João, que estava presente, fala da tia de Jesus, isto é, a irmã da sua mãe, sem dizer o nome dela.

Tudo isso nos leva a acreditar que Jesus tinha com certeza primos e primas, e são desses que se fala no episódio de Nazaré.

Uma última coisa que devemos levar muito em consideração é o fato de que em nenhum lugar do NT se fala que Maria, ou mesmo José, teve outros filhos ou filhas. Em poucas palavras, fala-se de "irmãos e irmãs" de Jesus, mas nunca se fala de filhos ou filhas de Maria, ou de José.

Podemos então afirmar com tranqüilidade que Jesus era filho único, mesmo se tem milhões e milhões de irmãos e irmãs.

9. Quem são os autores do Apocalipse?

É verdade que alguns estudiosos pretendem encontrar no livro do Apocalipse a presença de alguns trechos que não faziam parte do original, deste modo o atual escrito teria mais de um autor.

Mas a maioria dos estudiosos está tranqüilamente de acordo que essa obra literária é obra de um só autor.

Mas quem é este João que no primeiro versículo do primeiro capítulo autoproclama-se destinatário das revelações de Deus e conseqüentemente autor do escrito?

Uma antiga tradição (II séc.), da qual são testemunhas São Justino, Santo Irineu, Tertuliano, Clemente de Alexandria e outros, diz que este João é o apóstolo de Jesus que também escreveu o quarto evangelho.

Mas até o quinto século, nas comunidades da Síria, da Capadócia e também da Palestina e em todas as Igrejas importantes, o Apocalipse não era incluído entre os livros canônicos, isto é, não era considerado parte da Bíblia.

Isto é um sinal de que muito provavelmente não consideravam esse escrito como obra de um apóstolo, isto é, para essas comunidades o autor (do Ap) não era o João do evangelho.

Além do mais, se por uma lado existem afinidades entre o Apocalipse e os escritos do apóstolo João, por outro lado existem diferenças no modo de escrever o grego, no estilo literário e também em algumas perspectivas teológicas, que nos levam a acreditar que certamente o Apocalipse não é obra do mesmo autor do quarto evangelho e das três cartas de João.

Mas se o autor não é o apóstolo João, quem é?

Talvez não saberemos nunca!

Isto, porém, não coloca em dúvida o fato de que o Apocalipse seja Sagrada Escritura.

Com certeza o autor foi alguém do grupo de João que seguia a sua linha de pensamento, os seus ensinamentos, a sua espiritualidade, como por exemplo São Lucas que era companheiro de São Paulo.

Desse modo, justificam-se as semelhanças que encontramos com os escritos que sabemos, certamente, que são do apóstolo João e também se explicam as diferenças no uso da língua e no estilo.

Quanto ao fato de aparecer o nome de João no começo do livro, poderia explicar-se como uma coincidência de nomes ou, como é mais provável, que o autor tenha colocado o nome do apóstolo amado, para que o seu escrito ganhasse autoridade e reconhecimento.

Naquele tempo este modo de fazer era comum não só para os escritos religiosos e não era considerada uma coisa desonesta (o termo técnico é pseudografia).

Mas cuidado! Não devemos julgar este fato com os nossos critérios atuais. Hoje fala-se em direito autoral, pensando sobretudo no dinheiro que se ganha com a venda dos livros!

Em direito autoral nem se pensava! Não se escrevia livros para ganhar dinheiro ou ter fama, mas para difundir as idéias nas quais se acreditavam!

Ascensão de Jesus

1. Qual é o fundamento bíblico da ascensão de Jesus?

Como bem sabemos São Lucas é o único que no começo dos Atos dos Apóstolos descreve como um fato histórico e visível a ascensão de Jesus.

Depois de aparecer várias vezes, em diferentes situações, durante certo período de tempo, Jesus convoca os seus apóstolos, sobre o monte das Oliveiras, e à vista deles foi levado ao céu (cf. At 1,3-12).

Já no final do seu evangelho, Lucas havia falado da ascensão com uma breve frase, que quase com certeza foi copiada e inserida posteriormente no evangelho de Marcos (cf. Lc 24,51 e Mc 16,19).

Ainda que seja Lucas o único a narrar o fato da ascensão, ele não é o único que fala da ascensão de Jesus, que embora esteja relacionada com a ressurreição, não deve ser considerada como a mesma coisa, como pensam alguns.

Também nos outros escritos do NT fala-se da ascensão, só que de um modo, digamos, mais teológico e não-narrativo e histórico como São Lucas. Por exemplo, em Efésios 4,10 Paulo diz que aquele que desceu ao mundo dos mortos é o mesmo que ascendeu acima de todos os céus. Em 1Tm 3,16, retomando um fragmento de um hino cristão, celebra "Jesus que foi assunto na glória".

Além dos vários textos do NT que falam claramente desse mistério da vida de Jesus, encontramos no AT dois personagens que também subiram ao céu de um modo extraordinário.

Um é o patriarca Henoc, que depois de uma vida breve, mas de grande santidade, "não foi visto mais, porque Deus o havia arrebatado" (Gn 5,21-24). E o profeta Elias que na presença de Eliseu, seu discípulo e sucessor, foi arrebatado ao céu por Deus (2Rs 2,1-18).

Também se diz de Rômulo, legendário fundador de Roma, que teria sido arrebatado ao mundo dos deuses.

Se por um lado existem semelhanças, e muito interessantes, entre essas duas figuras bíblicas e Jesus, existem também diferenças muito profundas e importantes:

— O patriarca Henoc e o profeta Elias foram arrebatados ao céu sem terem sofrido a morte sobre a terra e, mesmo estando no alto, continuaram a ser mortais. Jesus, ao contrário, passou pela morte para chegar, através da ressurreição, ao mundo novo e definitivo.

— Além do mais, Jesus era por natureza o Filho de Deus, que voltava glorioso para tomar posse do seu reino; os outros dois, apesar de subirem ao céu diretamente arrebatados por Deus, continuaram e continuam a ser seres humanos.

Para concluir podemos dizer que é o testemunho unânime, embora sejam as duas figuras do AT com características diferentes dos escritos e dos autores do NT, que nos permite acreditar, sem margens de dúvidas, na vitória de Jesus sobre a morte, com a ressurreição, e na sua presença, não só espiritual, mas também corporal no céu. É isto justamente o que celebramos com a festa da Assunção.

Anjos

1. Que é um querubim?

A palavra vem do acadiano *karibu,* passou ao hebraico como *kerub,* do qual o plural é justamente *kerubim.*

Na língua acadiana essa palavra pode indicar simplesmente "aquele que reza" e era também o nome de uma espécie de divindade de segundo grau, que tinha a tarefa de rezar pelos fiéis.

O *karibu* (essa divindade) era representado com uma imagem que tinha o aspecto de uma figura humana, posteriormente tomou uma forma mais simbólica e era representado com uma figura que tinha corpo de animal (touro, boi, leão), asas (como de uma águia) e cabeça de homem; deste modo ficava mais claro que era um ser sobre-humano.

Essa imagem ficava dentro do templo logo no ingresso.

O povo da Bíblia conheceu essa figura mitológica não diretamente dos assírios, mas através dos cananeus, que também viviam na Palestina.

Na Bíblia os querubins aparecem várias vezes:

— Estão como sentinelas na entrada do jardim do Éden (Paraíso), depois da expulsão de Adão e Eva (Gn 3,24).

— Como duas estátuas colocadas sobre a Arca da Aliança (Êx 25,22).

— Como duas estátuas no Santo dos Santos e como figuras estão representados nas paredes e nas portas do templo (1Rs 6,23-29.32).

— Aparecem como carregadores de Deus que se revela (2Sm 22,11; Sl 18,11).

— São sinais da presença de Deus: "entronizado entre os querubins" (1Sm 4,4; 2Rs 19,15).

Mas se diz pouco, ou melhor nada, de como eram esses querubins, que aspectos teriam, isto talvez porque não eram precisos, eles estavam lá e todos podiam ver (nós não!). Por isso é difícil imaginar como eram realmente os querubins da Bíblia.

No começo do livro do profeta Ezequiel (vocação do profeta: 1,5-28), ele descreve os querubins, mas não menciona a palavra, só no capítulo 10,2 se diz que aqueles seres, vistos e descritos com detalhes, eram os querubins. Eles faziam parte de uma espécie de carroça que transportava Deus na sua glória!

De todos esses lugares, onde na Bíblia se fala dos querubins, fica claro que estão sempre relacionados com a presença de Deus, pois se encontram sempre onde Deus se manifesta e nos lugares que são dedicados só a Deus (Arca, Templo, Santo dos Santos).

Mais tarde, no judaísmo e no cristianismo, os querubins foram considerados como uma espécie de anjos de uma categoria superior, isto é, mais elevada, como numa hierarquia do tipo militar (de fato se fala de "exército celestial").

Mas na Bíblia os "anjos", ou melhor dizendo, "os mensageiros de Deus", têm uma função muito mais dinâmica e diferente daquela dos querubins e nunca se diz que os "anjos", isto é, "os mensageiros", eram estátuas ou imagens.

2. Quantas e quais são as menções sobre anjos no Antigo e no Novo Testamento?

A palavra hebraica do AT que geralmente se traduz por "anjo" é *mal'äk* e quer dizer simplesmente "mensageiro". Esta palavra *mal'äk* aparece 212 vezes no AT.

Algumas vezes significa simplesmente "mensageiro" e

se diz, por exemplo, que o rei enviou o seu mensageiro com uma determinada ordem.

Outras aparece junto com o nome de Deus e fala-se de "mensageiro do Senhor" *(mal'äk Adonai).* Mas nestes casos parece que o "mensageiro do Senhor" e o Senhor são a mesma pessoa (por ex. no caso de Agar que fugia com o seu filho, cf. Gn 21,15-21).

Nos livros mais recentes do AT, isto é, mais próximos do tempo de Jesus, o povo de Israel, por causa do exílio, sofre a influência dos povos vizinhos. Os persas, por exemplo, admitiam a existência de seres espirituais que estavam a serviço dos seus deuses, no governo do mundo e na relação com os seres humanos. Assim o Senhor Deus de Israel deveria ter, também ele, uma corte a seu serviço (Jó 1,6).

Lá por volta do ano 200 antes de Cristo, na cidade de Alexandria, no Egito, havia uma grande e importante colônia hebraica. Foi nessa cidade que pela primeira vez a Bíblia foi traduzida para o grego, que era a língua mais falada e mais conhecida naquele tempo.

A palavra hebraica *mal'äk,* isto é, "mensageiro", foi traduzida por αγγελος. Acontece que esta palavra grega era o nome dos seres espirituais que estavam em contato com os deuses e com o mundo dos seres humanos. E assim, com este significado preciso (técnico), e não simplesmente como mensageiro, entrou nos escritos do NT.

A palavra αγγελος aparece 175 vezes no NT. O livro no qual aparece mais vezes é o Apocalipse, com o total de 67, depois vem o evangelho de Lucas com 25 e os Atos dos Apóstolos, também de Lucas, com 21. Em quarto lugar está o evangelho de Mateus com 20 e em quinto a carta aos Hebreus, em que a palavra "anjos" aparece 13 vezes.

Da Bíblia, como tal, temos poucas informações sobre esses mensageiros que o Senhor Deus enviava aos seus eleitos com diversos tipos de mensagens. Alguns desses mensageiros ganharam até um nome: Rafael, Miguel e Gabriel. Mas esses nomes são sempre um referimento direto a Deus:

Rafael quer dizer "Deus cura", Miguel "Quem como Deus" e Gabriel "Deus é forte".

Há alguns estudiosos que suspeitam que os anjos existam realmente. Mas das informações que temos na Bíblia podemos afirmar o seguinte:

— Que existem; que são seres espirituais como Deus, mas não têm absolutamente o mesmo poder divino, porque também são criaturas de Deus (Hb 1,5).

— Que também escolheram livremente entre ficar com Deus ou contra Deus (Tb 4,14).

— Que um grupo se rebelou e se tornou inimigo de Deus e de tudo o que Deus criou (2Pd 2,4); são chamados "demônios". Os que perseveraram no bem ficaram com o nome de "anjos".

O fato de que sejam representados como crianças ou como jovens, ou de que ficam entre o feminino e o masculino, isto é, de que sejam seres assexuais, depende sempre da imaginação dos artistas. As asas estão para significar que os anjos participam do mundo divino.

Filho do homem

1. Que significa a expressão "filho do homem", que encontramos nos evangelhos?

Na língua hebraica esta expressão *ben adam,* isto é, "filho do homem", é usada muitas vezes com o significado de "homem", ao invés de dizer "homem" diz-se ou escreve-se "filho do homem".

A coisa complica um pouco quando no livro de Daniel essa expressão é usada para referir-se a uma personagem, um pouco mítica e histórica, que recebe de Deus um poder especial de governo sobre o mundo e a história humana (Dn 7,13ss.).

Muitos estão de acordo em identificar essa personagem, essa figura, como um personagem coletivo, isto é, como sendo o povo de Israel.

Como nasceu esta expressão "filho do homem" não se sabe com certeza; uns dizem que se pensava no primeiro homem (Adão), outros dizem que se pensava num anjo, outros ainda sustentam que se pensava num ser celestial.

Fora da Bíblia essa expressão é também usada nos livros apócrifos.

Se passamos ao NT, podemos dizer que algumas das vezes que essa expressão aparece, quer dizer simplesmente "homem", como o costume do AT.

O problema, como tal, aparece quando encontramos essa expressão na boca de Jesus.

Aí então vem espontânea a pergunta: "Que queria dizer Jesus?"

Há pelo menos quatro teorias:

1. Essa expressão não foi usada por Jesus, mas foi colocada na boca de Jesus, mais tarde, pelas primeiras comunidades.

2. Essa expressão foi usada por Jesus para falar do modo como ele concebia o Messias.

3. Uma terceira teoria diz que, algumas vezes, foi Jesus mesmo quem a usou para falar dele mesmo, mas quando ele se refere a alguém que deve chegar, a expressão foi colocada na boca de Jesus pelas primeiras comunidades.

4. Uma quarta teoria diz que essa expressão é usada por Jesus mesmo, mas não para falar de si próprio, mas de um outro personagem que mais tarde a comunidade identificou como Jesus ressuscitado e glorificado. Esta teoria é difícil de se aceitar como boa!

Mas podemos perguntar: Qual delas é a mais plausível, qual deve ser a mais verdadeira?

A mais plausível é a segunda, que diz que essa expressão foi usada diretamente por Jesus para manifestar o seu modo especial de entender a figura do Messias, que era esperado por todos como salvador. A grande novidade está no fato que à figura de um Messias potente Jesus associa a necessária passagem pela derrota e pelo sofrimento. Mistura difícil de se aceitar para a mentalidade da época e que só Jesus mesmo teria autoridade para fazer.

2. Sabemos que há os filhos de Deus e os filhos dos homens. Explique-nos.

Antes de tudo é necessário dizer que não existe nenhuma oposição entre estas duas expressões que aparecem na Bíblia.

Podemos tomar um texto no qual aparece as duas expressões e assim explicar o que significam.

O texto é o do evangelho de Mateus, 16,13-20, quando Jesus pergunta aos seus discípulos: "Quem dizem os homens que é o Filho do homem?" (Mt 16,13). No evangelho de São Marcos Jesus diz: "Quem dizem os homens que eu sou?" (Mc 8,27).

Como podemos notar, neste caso, quando Jesus fala do "filho do homem" está falando de si mesmo. Isto porque ele está seguindo uma tradição que identificava o Messias, que deveria vir com a figura da visão apocalíptica do livro de Daniel, que fala justamente de uma figura semelhante ao filho do homem (Dn 7,13). Mas é necessário dizer também que "filho do homem" em hebreu é sinônimo de "ser humano"; e quase todas as vezes que encontramos essa expressão no AT, significa "ser humano" ou simplesmente "homem". Enquanto que no NT, é usada sempre por Jesus para falar de si mesmo, como vimos.

A outra expressão, Filho de Deus, aparece neste texto para falar da divindade de Jesus, diz Pedro, movido pelo Espírito Santo: "Tu és o Messias, o Filho do Deus vivo" (Mt 16,16). Mas em verdade são poucas as vezes que esta expressão aparece com este sentido. Nas outras vezes que aparece é para falar da "Boa Notícia" que Jesus veio anunciar, isto é, que somos todos convidados a entrar em uma comunhão tão íntima com Deus e que podemos chamá-lo de Pai e, portanto, merecer realmente o título de "filhos de Deus".

É bem verdade que na mitologia grega se fala de "filhos dos deuses" e que os imperadores romanos se diziam "filhos de deus", mas a expressão que aparece no NT nada tem a ver com essas afirmações, porque está falando de uma coisa absolutamente diferente e que não é destinada somente para um grupo de heróis (gregos), ou para um imperador qualquer. Trata-se de uma verdade que vale para todos os que aceitam o Evangelho e acreditam em Jesus Cristo, único e verdadeiro "Filho de Deus", que justamente nasceu como "filho do homem" para que todo ser humano possa fazer comunhão com Deus.

É isto que encontramos escrito no início do evangelho

de São João: "E a Palavra se fez homem e habitou entre nós. E contemplamos a sua glória, glória do Filho único do Pai, cheio de amor e fidelidade" (Jo 1,14). "Deu o poder de se tornarem filhos de Deus a todos aqueles que o receberam, isto é, àqueles que acreditam no seu nome" (Jo 1,12).

Mas atenção, não é para quem somente diz "Senhor, Senhor", mas para todo aquele ou aquela que de verdade faz a vontade do Pai que está nos céus, diz Jesus (Mt 12,49-50; Lc 8,21; Mc 3,31-35).

Índice

Índice de Temas